KB044690

기억력도
스펙이다

기억력도 스펙이다

KBS 〈과학카페〉 기억력 제작팀 지음

비전코리아

C O N T E N T S

2장 생활 습관이 기억력을 높인다

프롤로그

기억력은 타고나는 것이 아니라 만들어진다

학습의 기본이 기억인 것은 당연하다. 인간에게 기억이라는 능력이 없다면 학습한다는 것은 불가능하다. 인간이 인간다워지는 것도 기억의 토대 위에서만 가능하다.

남들보다 기억력이 뛰어나다면 학습 효율이 증대되는 것은 두말할 것도 없다. 암기 과목이라는 말이 있듯이 외워야만 공부가 되는 과목들이 있다. 외국어 학습의 기본도 기억이다.

사람의 기억력에는 개인차가 있다. 같은 내용을 듣고도 그 내용을 대부분 기억하는 사람이 있는가 하면, 반도 기억하지 못하는 사람도 있다. 짧은 시간 동안 공부하고도 책 내용을 줄줄 암기할 수 있는 학생이 있는가 하면, 밤새도록 공부하고도 막상 시험을 보려면 공부한 내용이 뒤죽박죽 뒤섞이는 학생도 있다.

"나는 원래 기억력이 나빠. 방금 배운 것도 돌아서면 잊어버려."

"내 짝은 기억력이 좋아서 공부를 별로 안 하는데도 성적은 나보다 훨씬 좋아. 나는 왜 이렇게 머리 나쁘게 태어났을까?"

여기 눈이 번쩍 뜨일 만한 말이 있다. 기억력이란 '기억하는 테크닉'이다. 마치 자전거 타는 것을 배우듯 기억력도 배울 수 있는 능력이라는 뜻이다. 물론 얼마나 쉽게 배우느냐에는 개인차가 있을 수 있겠지만 노력한다면 누구나 배울 수 있다. 중요한 것은 기억을 잘하는 능력이 타고나는 것이 아니라 후천적으로 배우는 테크닉이라는 것에 있다.

이에 대한 의미 있는 연구가 있다. 미국 국립보건원NIH은 3년간 올림피아드 출전자들의 뇌를 연구했다. 결론부터 말하면 출전자들의 뇌는 지극히 평범하고 정상적이었다. 이들의 특별한 기억력은 훈련을 통해 길러진 것이지 타고난 것이 아니었다.

나만 몰랐을 뿐 공부 잘하는 사람들은 모두 '기억 훈련'을 하고 있다. 공부할 때뿐 아니라 일상생활을 하면서도 기억 훈련을 한다. 우등생들은 간단한 암기를 하면서도 끊임없이 적합한 기억 전략을 연구하고 시행하며 응용한다. 이미지를 활용하거나 정보를 조직화 · 체계화해서 기억하는 등 나름의 기억법을 활용하는 것이다. 의식적으로 기억법을 사용하기도 하고 자신도 모르게 무의식적으로 쓰기도 한다. 특별히 기억법을 배우지 않아도 학습에 열의를 가지고 노력하다보니 저절로 기억 전략을 습득한 것이다. 그들은 매번 주도적으로 기억 전략을 짜고 스스로 학습 전략을 체득해 학습한다. 기억하는 전략을 짜는 것 자체가 기억 훈련이기 때문에 우등생은 짧은 시간을 공부하고도 더 좋은 성적을 낸다.

그렇다면 기억 전략이란 무엇일까? 우리는 그것을 어떻게 배울 수 있을까? 이 책은 일상 속에서 훈련을 통해 실제로 배울 수 있는 기억법을 다룬다. 노력하면 높일 수 있는 기억력. 효과적인 기억법을 익혀 암기 과목 만점에 도전해보자.

KBS 〈과학카페〉 기억고수들의 세 가지 습관 제작팀

Part 1 기억고수들의 세 가지 비밀

1장

기억고수가 공개하는 특별한 비밀 1

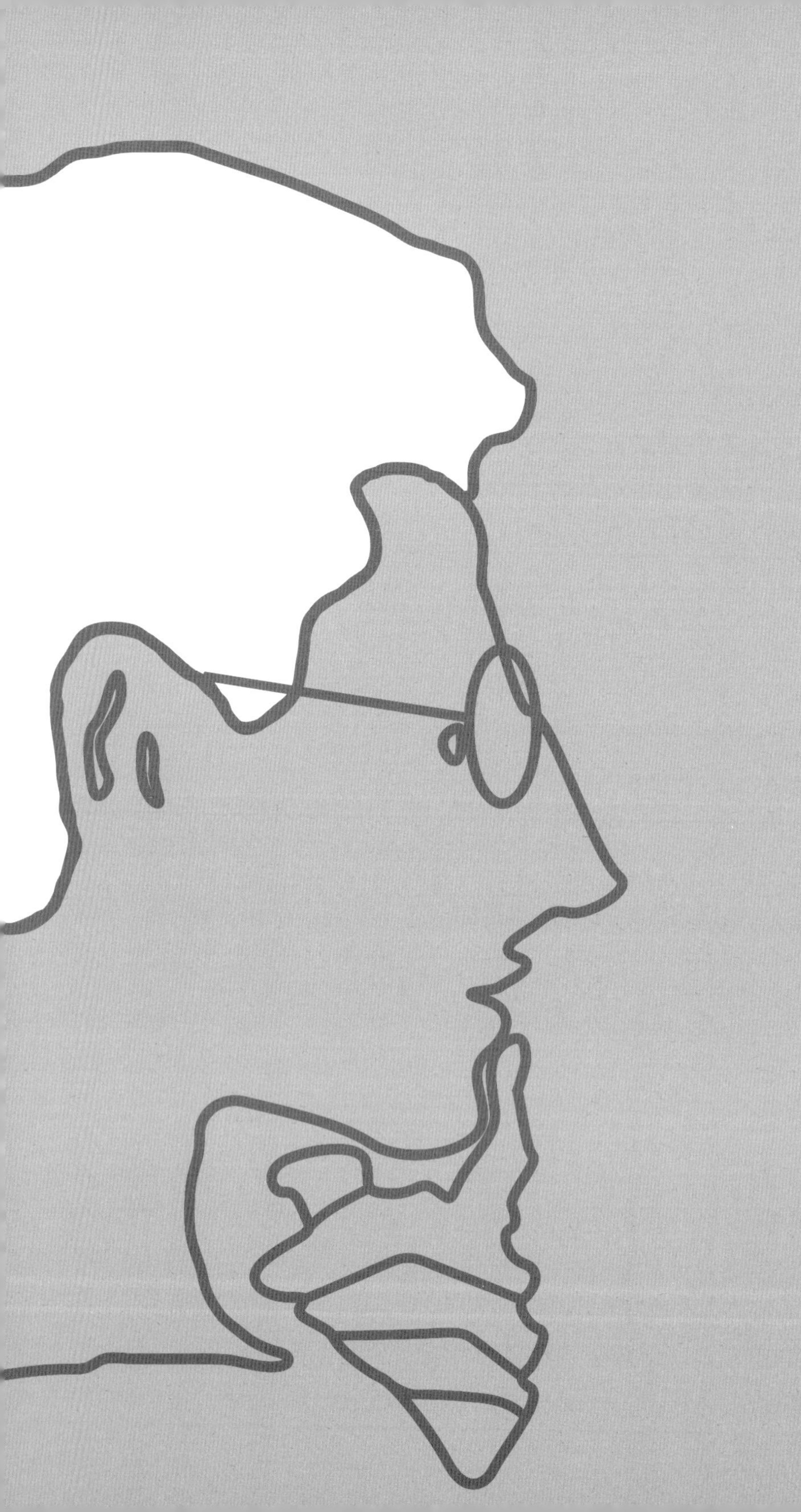

《기네스북》 최고의 기억력자를 만나다

로마의 박물학자 플리니우스가 쓴 《박물지》에는 놀라운 기억력으로 주위를 사로잡은 사람들의 흥미로운 이야기가 실려 있다. 강력한 카리스마와 넓은 포용력을 동시에 발휘하여 페르시아 제국을 창건한 키루스 대왕. 그는 자신이 직접 지휘하는 기병 600여 명은 물론 2만 명에 달하는 군사들의 이름을 모두 기억했다고 한다. 고대 로마의 정치가이자 철학자인 세네카도 2,000명에 달하는 사람들의 이름을 들은 순서대로 기억할 수 있었다고 한다. 고대에는 기록할 수 있는 수단이 귀했기 때문에 기억력은 곧 권력이나 마찬가지였다.

오늘날에도 뛰어난 기억력으로 유명한 사람들이 있다. 지휘자 아르투로 토스카니니는 어떤 악보라도 한두 번 보면 그대로 외워 다시 그렸다고 한다. 그리고 마이크로소프트의 빌 게이츠는 책을 좋아해 백과사전을 읽고 A부터 Z까지의 방대한 내용을 줄줄 외울 정도로 집중력과 기억력이 뛰어나다고 한다. 그렇다면 세상에서 가장 기억력이 뛰어난 사람은 누구일까? 그런 궁금증 때문에 지구 곳곳에서는 많은 기억력 대회가 개최된다. 각 나라를 돌며 개최되는 세계 기억력 선수권 대회가 있으며 영어 단어 스펠링을 맞추는 스펠링 비 Spelling Bee 대회도 전 세계 사람들을 상대로 열린다.

세상의 각종 기록에 도전하고 이를 기록하는《기네스북》에 최고의 기억력자로 등재된 사람은 과연 누구일까? 현재 기억력 부문의 기네스 기록을 보유하고 있는 슈퍼 기억력자는 바로 이스라엘에 사는 에란 카츠다. 그는 500자리 숫자를 한 번 듣고 바로 기억해낸 실력으로《기네스북》에 등재됐다. 전 세계를 돌며 두뇌력 개발 전문가로 활동하는 에란 카츠는 강연과 저술을 통해 세계적으로 이름을 떨치고 있다. 우리는 그를 만나러 이스라엘로 떠났다. 그의 놀라운 기억력을 직접 확인해보기 위해서였다.

기억력 부문 세계 기네스 기록을 보유하고 있는 에란 카츠.

에란 카츠는 우리를 친절히 맞아주었다. 워낙 많은 사람들이 그의 기억력을 시험해보고자 했기 때문인지 그는 시험에 익숙한 듯했다. 그에게 총 400자리 숫자가 적힌 두루마리를 건넸다. 숫자는 아무런 규칙 없이 무작위로 나열됐다.

도대체 그는 어떤 방법으로 숫자들을 외우는 것일까? 그가 숫자를 암기하는 모습을 유심히 살펴보았다. 대부분의 사람들은 무엇을 외울 때 연습장에 반복적으로 쓰면서 외우지만 에란 카츠는 달랐다. 그는 숫자를 손으로 짚어가며 조용히 중얼거리면서 숫자를 암기했다. 숫자를 한 번 볼 때마다 눈을 감고 무언가를 떠올리는 모습이었다. 그는 암기하는 내내 손을 움직이면서 작은 소리로 끊임없이 중얼거렸다.

40분 16초가 지났을 때 에란 카츠는 준비가 됐다는 신호를 보냈다. 시험 방법은 제공한 두루마리 속 숫자들을 에란 카츠가 그대로 기억해서 다른 종이에 옮겨 적는 것이었다. 두루마리 속 숫자는 어

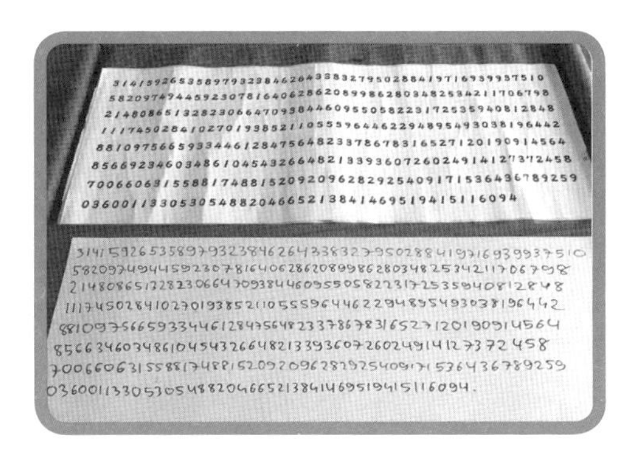

시험을 위해 제공한 두루마리(위)와 에란 카츠가 암기 후 쓴 400자리 숫자(아래).

떤 연관성이나 법칙 없이 무작위로 나열됐다. 그런데 그는 낯익은 숫자의 조합을 본 것처럼 막힘없이 종이를 채워나갔다.

에란 카츠가 적은 400자리 숫자는 단 한 글자도 틀림없이 원본과 정확히 일치했다. 400자리 숫자를 처음부터 끝까지 기억한 것이다. 그렇다면 뒤에서부터 역으로 외우는 것도 가능할까? 그는 질문에 막힘없이 대답했다.

"다섯 번째 줄을 거꾸로 말할 수도 있나요?"

"465419091021725613876873328465748216443395665790188."

다른 방식으로도 가능했다. 중간 부분에 위치한 어떤 숫자를 말하면 그는 그다음의 숫자들을 이어서 말했다. 그 앞의 숫자들을 거꾸로 외우는 것도 가능했다.

"70193 뒤는 어떤 숫자죠? 순서대로요."

"70193 뒤에 순서대로요? 8521105559644622948954930383196442."

"네, 맞습니다. 그럼 이번엔 88204 거꾸로요."

"88204 거꾸로요? 450331100630."

그는 아무 의미 없는 400자리 숫자를 40분 16초 만에 완벽하게 외운 것이다. 어떻게 이런 놀라운 능력을 보이는 걸까?

에란 카츠가 사용하는 방법은 '기마트리아'라는 고대 유대인들의 기억법이다. 기마트리아란 숫자를 글자로 바꾼 뒤 이 글자로 단어를 만드는 방법이다. 그 단어들을 연결해 다시 이야기를 만든다.

즉 숫자로 이야기를 만드는 것이다.

에란 카츠가 이용하는 방법을 좀 더 자세히 살펴보자. 그는 다음과 같은 방식으로 0부터 9까지의 숫자를 글자로 만든다.

1은 T

2는 N

3은 M

4는 R

5는 L

6은 G, J

7은 K, G

8은 F, V

9는 P, B

0은 Z, S

에란 카츠는 두 자리 숫자, 즉 2개의 알파벳 자음 사이에 모음을 넣어 숫자를 단어로 만든다. 21은 'Not'이나 'Nut'로 만들 수 있고 숫자 12는 'Ten', 22는 'Nun' 등으로 만들 수 있다.

"저는 매 두 자리 숫자들을 단어들로 바꿉니다. 예를 들어 첫 줄의 첫째 자리를 볼까요? 31은 골Goal입니다. 41은 양동이입니다. 59는 모래입니다. 26은 부시입니다, 조지 부시요. 그래서 저는 축구장에 모래로 가득 찬 양동이가 있고, 조지 부시가 거기 와서 모래로 노는 것을 상상합니다. 31415926이란 숫자가 그런 이야기로 변하는 거죠. 그가 어떤 물고기를 거기에 붓고 있고 오리가 물고기를 먹는데, 생선에 모래가 들어가서 먹기 안 좋다고 느끼죠. 그러고는 그가 다시 뛰기 시작하는데, 승리의 축포가 그에게 쏟아지는 겁니다. 이렇게 이야기를 연결합니다."

의미 없는 숫자는 이런 식으로 이야기가 되어 그의 머릿속으로 들어가는 것이다. 400자리의 숫자는 200개의 단어가 된다. 200개의 단어를 조합해 괴상하지만 특이한 이야기로 만들어 기억한 다음 그것을 다시 숫자로 풀어낸다. 이야기 자체는 비논리적이고 황당하지만 그렇기 때문에 더 재미있고 잘 기억된다고 한다. 이런 방식으로 그는 400자리 숫자를 기억했다.

혹시 에란 카츠는 숫자의 기억에만 능통한 것은 아닐까? 단어를 기억하는 것은 어떨까? 그에게 50개의 단어 카드를 주었다. 단어 카드에는 일련번호가 매겨져 있고 각각의 단어들은 서로 어떤 연관성도 없다. 그는 단어 카드를 쭉 훑어보더니 우리에게 다 됐다는 신호를 보냈다.

테스트는 카드를 무작위로 섞어서 번호를 부르면 에란 카츠가 그것에 해당하는 단어가 무엇이었는지 대답하는 식이다. 이번에도 그는 완벽하게 테스트를 통과했다. 역시 기마트리아를 이용해 숫자를 단어로 변형하고, 그 단어와 실제로 카드에 적혀 있던 단어를 연결해 외운 것이다.

에란 카츠에게 3은 알파벳 M이다. 그에게 32번은 항상 'Man' 이다. 우리가 건네준 카드 32번에는 'Dictation'이란 단어가 있었다. Dictation은 구술, 받아쓰기라는 뜻이다. 그는 그 단어를 보며 남자가 무엇을 받아 적는 이미지를 상상했다. 에란 카츠에게 33번은 'Mom'이다. 그러나 우리가 건네준 카드 33번은 'Queue.' 그러면 그는 Mom과 Queue를 연결하는 이미지를 상상한다. 엄마들이 길게 줄지어 있는 모습의 이미지를 기억하는 것이다. 33번이 엄마라는 것은 이미 에란 카츠의 머릿속에 들어 있다. 33번 카드를 제시하면 그는 '엄마가 무엇을 하고 있었지?' 하고 자문해보면 된다. 이런 방식으로 그는 순식간에 50개의 단어를 기억해냈다.

눈으로 직접 보고 설명을 들었지만 그래도 놀라웠다. 정말 보통 사람도 이런 방법을 쓰면 에란 카츠 같은 슈퍼 기억력자가 될 수 있을까?

실제로 에란 카츠는 학창 시절에 특별히 공부를 잘하거나 좋아하는 학생이 아니었다. 특히 수학을 어려워하고 숫자도 싫어했다. 공부 때문에 노는 시간이 줄어드는 게 아쉬웠던 그는 더 짧은 시간에 효율적으로 공부하는 방법을 알고 싶었다. 공부를 덜 하기 위해 잘 기억하는 방법을 연구하기 시작했다.

그가 기억력에 관심을 보이게 된 계기는 어머니에게 기억법에 관한 오래된 책 한 권을 받은 것이었다. 유대인은 교육을 매우 중요시하기 때문에 예전부터 기억법에 관심이 많았다. 그 책은 이미 그리스 · 로마 시대부터 쓰이던 아주 오래된 기억법에 관한 것으로 오늘날에도 얼마든지 유용하게 쓸 수 있는 내용이었다.

"유대인은 '교육'을 강조하는 민족입니다. 누구든지 배우는 일에 힘쓰지 않으면 고통스러운 대가를 치르게 될 것이라고 말해요. 아마 유대인의 슬프고 고통스러운 역사 때문에 더 교육을 강조했던 것 같아요."

에란 카츠는 그 오래된 책을 바탕으로 많은 시간을 연구하고 연습한 결과 오늘날 기억 천재의 자리에 오르게 되었다.

에란 카츠가 강조하는 것은 훈련이다. 평범한 보통 사람도 훈련을 계속하면 누구나 자신과 같은 기억력의 경지에 오를 수 있다고 주장한다.

"이건 다 연습과 기술, 방법의 문제입니다. 이렇게 기억을 할 수 있는 사람과 할 수 없는 사람의 차이는 훈련을 했느냐 안 했느냐의 차이일 뿐이에요. 저는 훈련이 돼 있기 때문에 할 수 있는 거죠. 마술사의 마술과 같아요. 마술도 보는 사람들에겐 정말 놀랍지 않습니까? 하지만 마술도 트릭이고 기술입니다. 트릭을 가르쳐주면 보는 사람들도 '아, 나도 할 수 있겠구나' 하고 느끼죠. 제 일이 바로 그런 것입니다. 기억 훈련자죠. 기억하는 원리를 알고 연습해서 숙련되면 누구나 할 수 있습니다."

그는 '누구나 할 수 있다'는 말을 몇 번이나 반복했다. 그는 세미

나를 개최하고 강연하고 책을 쓰고 방송에 출연하며 사람들에게 기억하는 방법을 가르친다.

"제가 가르친 사람들 모두 성공했어요. 아무도 실패하지 않았죠. 기본적으로 기억이란 얼마나 연습하느냐에 달려 있습니다. 세계 메모리 챔피언 대회가 있습니다. 특별한 사람들이 참가할 거라고 생각하기 쉽지만 그 대회 참가자들은 천재가 아니에요. 보통 사람들이 꾸준히 연습해서 기억력을 높인 것이죠. 제가 한 것처럼 그 사람들은 하루에 여섯 시간씩 한 달 내내 연습합니다. 올림픽 출전자들이 매일 쉬지 않고 몸을 단련하는 것처럼 그들 역시 기억을 단련합니다."

그렇다면 일상생활에서의 그의 기억력은 어떨까? 400자리 숫자를 외우는 사람이니만큼 친구들의 전화번호 정도는 모조리 기억하고 있지 않을까?

"옛날 친구들의 전화번호를 지금은 기억하고 있지 않습니다. 과거에는 기억했지만 지금은 잊어버렸죠. 왜냐하면 전 보통 사람이기 때문이에요. 머리가 아주 좋은 천재도 기억하는 게 있고 기억 못 하는 게 있을 거예요. 잊는 건 괜찮아요. 중요한 것, 기억하고 싶은 것만 기억하면 되죠. 불필요한 것까지 모두 기억할 필요는 없습니다. 사실 잊는다는 건 일종의 선물이죠."

에란 카츠도 휴대전화에 지인들의 전화번호를 저장해둔다고 한다. 모든 것을 두뇌의 기억에 의존하는 게 아니라 전자 기기에 의존하기도 하는 것이다. 그 역시 평범한 보통 사람들과 다르지 않았다. 하지만 그는 여전히 일상 속에서 기억하는 연습을 해야 한다고 말한다. 누군가가 전화번호를 알려주면 우선 머리로 기억해야 한다. 숫자를 단어로 변환하는 방법을 쓰면 전화번호 정도를 기억하는 일은 쉽다. 그런 다음 전화번호를 휴대전화에 저장해둔다. 이렇게 하면 운전 도중에 새 전화번호를 저장하기 위해 차를 세우지 않아도 된다. 단 몇 시간만이라도 번호를 기억하려고 노력해야 한다.

"우리는 수많은 기억 보조 장치를 가지고 있습니다. 간단히 메모지를 이용할 수도 있고, 휴대전화의 일정 관리 프로그램을 이용할 수도 있지요. 여러 형태의 휴대형 녹음기도 있고, 디지털카메라를 이용할 수도 있습니다. 그럼에도 불구하고 기억해야 합니다. 기억은 아무 장치도 필요 없기 때문입니다. 기억 보조 장치가 아무리 작고 성능이 뛰어나고 휴대가 편리하다 해도 보조 장치일 뿐입니다. 기기의 도움을 받으면 편리하지만, 어느 날 갑자기 기기가 사라진다면 기억도 통째로 사라지게 됩니다. 낭패가 아닐 수 없지요. 사람의 기억은 시간과 공간의 제약을 전혀 받지 않습니다. 화장실에서도, 샤워를 하다가도 정보를 기억하고 또 꺼내 볼 수 있으니 얼마나 자유롭습니까?"

기억력에 관해 그가 주장하는 핵심은 기억을 잘하는 '방법'이 있으니 그것을 '연습'해야 한다는 것이다. 연습이란 다시 말하면 반복이다.

“뭔가 기억하고 싶을 때 계속 경험하고 반복하면 더 잘 기억할 수 있습니다. 자전거를 배울 때 넘어지고 또 타고 또 넘어지면서, 그런 경험의 반복을 통해 배우게 되는 것처럼요. 경험할수록 기억에 더 잘 남습니다.”

기억할 내용을 그림으로 연상한다

자신만의 기억법을 활용해 놀라운 기억력을 보여주는 사람은 우리나라에도 있다. 대한두뇌개발정보센터 회장인 이강백 씨다. 그는 한때 TV와 라디오의 많은 프로그램에 출연해 놀라운 기억력을 선보였다. 100개 이상의 단어를 한 번만 보고 그대로 외우는 실력으로 전국을 떠들썩하게 만들기도 했다.

이강백 씨가 이용하는 방법은 ‘뇌영상 기억속독법’이다. 그는 스스로 개발했다는 이 방법을 사용하면 누구나 기억력의 달인이 될 수 있다고 설명한다.

“방법을 달리하면 누구나 기억을 잘할 수 있습니다. 단순히 기억을 많이 하고 빨리하려고 노력할 게 아니라 기억하는 방법 자체를 바꿔야죠. 사람이 한 시간에 얼마나 갈 수 있습니까? 열심히 노력해서 올림픽 금메달을 딸 정도의 실력을 갖춰도 한 시간에 20킬로미터 정도 가는 게 한계입니다. 하지만 비행기를 타면 어떻습니까? 비행기는 한 시간에 제주도까지 갈 수 있습니다. 방법을 바꾸면 이전과는 비교할 수도 없는 효율이 생깁니다.

공부도 마찬가지예요. 밤잠 안 자고 열심히 공부했는데 막상 시험을 보려니 다 잊어버렸어요. 그러면 본인도 얼마나 답답하겠어요. 집중력을 길러주고 기억력을 키워주어야 공부를 잘할 수 있는데, 무조건 공부만 하라고 하니 선생님이나 학생이나 모두 힘이 듭니다. 제가 하는 일은 크게 보아 두뇌를 개발하는 일입니다. 집중하고 기억할 수 있는 방법을 알고 연습해서 습관화하면 기억의 비행기를 타는 겁니다. 걷고 뛰는 것과는 비교할 수 없지요."

그는 많은 양의 정보를 짧은 시간 내에 빨리 기억해서 오래 간직하는 방법을 알고 있다고 했다. 우선 그의 기억력이 어느 정도인지 검증하기 위해 영어 단어 50개를 준비했다. 번호가 매겨진 단어장을 섞은 뒤 번호순대로 기억하는 과제를 제시했다. 이강백 씨 역시 단어를 기억할 때 종이에 쓰는 방법은 사용하지 않았다. 그는 단어장을 순서대로 들여다본 뒤 눈을 감고 무언가를 떠올리는 듯 중얼거리기를 반복했다.

영어 단어 50개를 기억하는 데 걸린 시간은 30분 11초. 검증 방법은 기억한 단어를 순서대로 칠판에 적는 것이다. 이강백 씨는 막힘없이 써내려갔다. 스펠링은 물론 순서까지 정확히 일치했다.

다른 시험도 해보았다. 100개의 국가 카드에 번호를 붙인 다음 무작위로 카드의 순서를 섞었다. 그가 100장의 카드를 보는 데 걸린 시간은 30초. 그는 기억을 되살려 칠판에 순서대로 국가 이름을 적기 시작했다. 잠시 후 칠판에 제시한 100개의 국가 이름이 빼곡히 채워졌다. 카드에 적힌 번호까지 단 하나의 어긋남도 없었다. 그는 머릿속에 이미지를 만들어 활용하는 연상기억법이 이를 해낸 것이라고 설명했다.

"사람들은 글자를 외우려고 하지만 글자는 기억이 안 되거든요. 그림으로 기억해야 해요. 글자를 그림으로 변환하는 것은 훈련을 좀 받아야 하죠."

글자를 그림으로 변환한다는 것은 어떤 의미일까? 이강백 씨가 기억하는 방법을 자세히 알아보았다. 그는 그림을 보여주었는데, 그것은 영화 촬영을 하고 있는 현장을 간략하게 그린 것이었다. 조명판을 들고 있는 조명사가 있고, 카메라를 조작하고 있는 감독이 보인다. 오른쪽에 버스 한 대가 서 있다.

이강백 씨는 그림 속 각각의 장소에 외워야 할 항목을 배치했다.

영화 촬영장 그림.

예를 들어 외워야 할 것이 '모자, 거울, 운동화, 장갑, 유리, 빵, 의자, 커튼, 벽돌' 등 아홉 가지 사물이라면 이것들을 순서대로 그림 속에 배치하는 것이다.

"1번 조명사 머리에는 모자를 씌워놓습니다. 모자 쓴 조명사를 상상하는 거지요. 2번은 그가 들고 있는 조명판입니다. 조명판이 거울처럼 비추고 있다고 상상하세요. 3번 조명사 발에는 운동화를 신겨놓습니다. 4번 카메라 위에는 장갑을 벗어놨어요. 장갑이 얹힌 카메라를 상상합니다. 5번 카메라 렌즈는 유리로 만들었다고 생각하고, 6번 카메라 스탠드에는 빵을 놓아둡니다. 그런 이미지를 상상하면 됩니다. 7번 자동차 지붕 위에 의자가 놓여 있고, 8번 차창에는 커튼이 드리워져 있습니다. 9번 바퀴에는 벽돌을 괴어놓았네요. 굴러가지 않게 할 모양이죠. 자, 이제 이 그림만 떠올리면 됩니다. 외워야 할 것이 놀라우리만큼 쉽게 기억납니다."

만일 50개의 단어를 기억해야 한다면 그는 다섯 장의 그림에 단어를 배치해 그것을 이야기로 만들어 기억한다고 했다. 이야기로 만들어두면 나중에 기억해내는 것이 훨씬 수월하기 때문이다.

이렇게 외우는 이유는 글보다 그림이 훨씬 더 잘 기억되고 오래 남기 때문이다. 영어 단어를 외울 때도 그림 위에 단어를 배치하고 상상의 이야기로 만들어 기억하면 더 많은 수의 단어를 오래 기억할 수 있다. 일상 속에서 글보다 그림이 더 잘 기억되는 예는 많다. 이를테면 재미있는 영화는 오래 기억된다. 인상 깊었던 장면 하나, 대사

하나까지 생생하게 떠올릴 수 있다. 그런데 그 영화를 글로 된 시나리오로 봤다면 어떨까? 그렇게 생생하게 떠올리기는 어려울 것이다. 그가 말하는 뇌영상 기억속독법도 같은 원리라고 한다. 글로 외우기가 어려우니 그림으로 변환하는 것이다.

이강백 씨가 말하는 뇌영상 기억속독법은 장소법의 일종이다. 머릿속에 익숙한 장면을 넣어놓고 그 장면 곳곳에 정보를 잘 정리해 배치하고 보관하는 방법이다.

그가 영어 단어를 외우는 또 하나의 방법이 있다. 소리에 의한 연상기억법이다.

"책상은 영어로 데스크(Desk)입니다. 우리가 보나 미국인이 보나 책상의 모양이나 용도는 다 같아요. 소리만 다릅니다. 우린 책상이지만 영어는 '데스크', 일본어는 '츠쿠에'로 소리가 다르죠. 그 소리를 연상하는 겁니다. 아이들이 책상을 뒤섞어놓고 놀고 있다. 책상을 뒤섞어, 책상은 데스크. 이런 식으로 비슷한 소리로 연상하는 거죠. 더 해볼까요? 아이들이 책상을 뒤섞고 놀다가 책이 북 찢어졌어요. 책은 북(Book). 그런데 느닷없이 선생님이 뛰쳐 들어왔죠. 선생님이 뛰쳐(Teacher) 들어오니까 아이들이 후다닥 자리로 돌아가다 의자에 채였어요. 의자는 체어(Chair). 이렇게 외우는 겁니다. 소리로 연상하며 이야기를 만들죠."

소리를 이용하는 연상법은 쓰는 사람이 만들기 나름이다. 몇 가지 더 만들어보자. 사자는 라이언. 나이 어린 사자가 먹이를 구하려고 두리번거리며 살피고 있는데 때마침 수풀 속에 있던 늑대가 울부짖었다. 늑대는 울프. 사자가 어슬렁거리고 늑대가 울부짖으니까 돼지가 너무 놀라 픽 쓰러졌다. 돼지는 피그. 이렇게 소리를 연상해서 뜻을 외우면 영어 단어 암기가 쉽다. 스펠링은 그다음 문제다. 사실 알파벳을 알고 파닉스Phonics를 알고 있으면 스펠링을 외우는 것은 큰 문제가 아니다.

이강백 씨는 수십 년 동안이나 기억법을 연구해왔으며 다른 사람에게 전파하기 위해 노력하고 있다. 그 역시 올바른 기억법을 꾸준하게 제대로 익히기만 하면 누구나 자신과 같은 능력을 가질 수 있다고 강조한다.

기억 달인에게 기억법을 배운다

빨리, 많이, 오래 기억할 수 있는 방법이 있다면 귀가 솔깃하지 않을 수 없다. 특히 공부할 것이 많은 요즘 학생들의 경우는 더 그럴 것이다. 과연 이강백 씨의 말처럼 원리와 방법을 익히기만 한다면 누구나 기억력을 높일 수 있을까? 학생들을 대상으로 실제로 테스트를 실시했다. 기억법에 관해 배운 후 짧은 시간 연습하고도 학생들의 기억력이 높아지는지 확인했다.

초등학교 4~5학년생 13명을 테스트 대상으로 삼았다. 실험에 참가한 아이들 모두 같은 레벨의 영어 수업을 듣고 있으며 수업 진도나 수준이 비슷한 상황이다. 아이들에게 먼저 단어 50개를 주고 20분 동안 암기하도록 했다. 각자 나름의 방법을 쓰지만 가장 많이 사용하는 방법은 종이에 써가며 외우는 방법이었다. 20분 뒤 빈 시험지에 영어 단어와 우리말 해석을 모두 적게 했다. 아이들은 암기할 시간이 너무 부족했다고 호소했다. 10개에서 20개 정도 쓴 것 같다는 아이들이 대다수였다.

사전 테스트를 마친 후에 아이들이 영어 단어 50개를 쉽게 외우는 방법을 배우기 위해 한자리에 모였다. 기억력 향상 훈련은 이강백 씨가 맡았다. 그는 기억력 향상 훈련법을 아이들에게 차근차근 설명했다. 그림 속에 단어들을 배치하는 방법이다. 아이들은 그림 곳곳에 단어들을 배치해 그것으로 이야기를 상상하고 단어를 외우는 방법을 배웠다.

영어 단어 암기에 활용한 그림들.

또한 영어 단어로 이야기를 만들어 외우는 방법도 배웠다. 수업을 받은 아이들에게 소감을 물으니 재미있다는 반응에서부터 이야기를 만드는 것이 좀 어렵다는 반응, 이야기를 만들고 나니 기억하기 쉬웠다는 반응이 나왔다. 훈련 2일차에도 아이들은 같은 방법을 배웠다. 이틀 동안 총 네 시간 실시된 기억력 향상 훈련이 아이들에게 과연 효과가 있을까?

훈련 후 영어 단어 테스트를 다시 실시했다. 사전 테스트와 동일하게 20분 동안 영어 단어 50개를 외우게 했다. 그런데 아이들의 단어 암기 풍경이 훈련 전과는 사뭇 달랐다. 종이에 여러 번 쓰면서 단어를 외우던 아이들이 훈련을 받은 뒤에는 무언가를 떠올리거나 조용히 중얼거리며 단어를 암기하고 있었다.

사전 테스트와 동일하게 기억나는 단어와 우리말 뜻을 모두 적는 방법으로 실시된 테스트. 두 번에 걸친 테스트 점수를 비교한 결과 아이들의 성적에 큰 변화가 나타났다. 8명의 아이들이 많은 발전

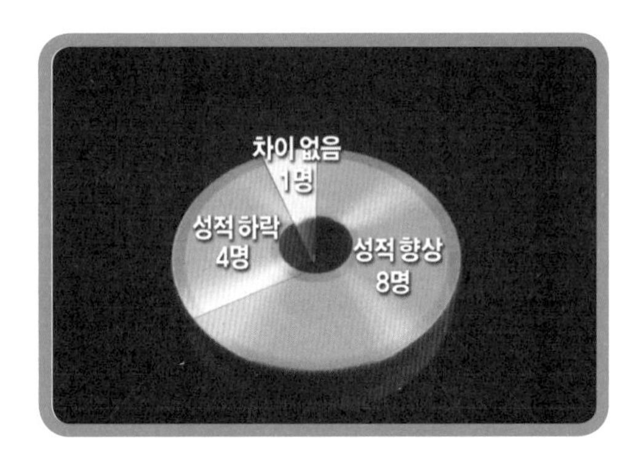

기억력 향상 훈련 이후 실시한 테스트 결과.

을 보였는데, 그중 6명은 두 번째 테스트에서 영어 단어를 10~20개 정도 더 많이 암기했다. 반면 점수가 하락한 아이들이 4명이었고, 나머지 한 명은 거의 변화가 없었다.

단 이틀 동안의 기억력 향상 훈련 후 영어 단어 테스트 점수가 크게 오른 아이들은 어떤 방법으로 단어를 기억했을까?

훈련에 참가한 예지는 'Sightseeing, Conversation, Award, Tough, Especially, Editor, Impressed'라는 영어 단어를 외우기 위해 이야기를 만들었다.

"관광하는 사람들끼리 사이트싱, 대화를 나누는데 컨버세이션, 그 상은 어워드, 얻기 힘든 것이라고 터프, 특히 이스페셜리, 편집자한테 에디터, 그래서 그 편집자는 감동을 받아, 임프레스."

예지뿐 아니라 성적이 크게 향상된 아이들은 나름대로 이야기를 만들어 영어 단어를 암기하고 있었다. 아이들마다 이야기의 내용은 조금씩 달랐지만 영어 단어의 뜻을 이용해 이야기를 만들어냈다는 점은 같았다. 아이들이 테스트를 받은 영어 단어는 다음의 표와 같다.

단 이틀 동안 기억법을 배웠을 뿐인데 정말로 기억력이 향상된 걸까? 테스트 점수는 분명 향상되었다. 아이들은 자신들이 배운 기억법을 쉽게 생각할까?

no.	영어 단어	뜻
1	Sightseeing	관광, 구경
2	Conversation	대화
3	Award	상
4	Tough	힘든, 거친
5	Especially	특히
6	Editor	편집자
7	Impress	감동시키다, 인상을 주다
8	Serious	심각한
9	Personal	개인적인
10	Truth	진리, 진실
11	Excellent	아주 우수한, 훌륭한
12	Suggestion	제안
13	Recently	최근에
14	Useful	유용한
15	Tip	조언
16	Enemy	적
17	Government	정부
18	Discuss	논의하다, 토론하다
19	Victim	희생자
20	Continue	계속하다
21	Thought	생각
22	Character	등장인물, 성격
23	Wonder	궁금해하다
24	Actress	여배우
25	Carefully	치밀하게, 신중히
26	Addict	중독자
27	Probably	아마도
28	Rule	규칙, 규정
29	Opinion	의견, 견해
30	Comb	빗질하다
31	Mirror	거울
32	Breast	가슴
33	Society	사회
34	Solve	해결하다
35	Clearly	분명히, 명백히
36	Personality	인격

37	Freedom	자유
38	Expression	표현
39	Urgent	긴급한, 급박한
40	Valuable	가치 있는, 중요한
41	Appearance	외모
42	Challenge	도전
43	Allow	허락하다
44	During	~ 동안에
45	Bright	밝은
46	Raise	기르다
47	Relationship	관계
48	Similarity	유사점
49	Respect	존중하다
50	Damage	손상시키다

"영화나 책 같은 걸 보면 인상 깊은 건 기억이 더 잘 나잖아요. 그런 것처럼 연상시켜서 이야기를 만드니까 기억이 더 잘 나는 것 같아요." - 정승호 학생

"저는 써서 외우는 편인데, 여기서는 그림이랑 같이 연상시켜 하는 거니까 많이 달랐던 것 같아요." - 최혜림 학생

"재밌어요. 엉뚱한 낱말을 가지고 이야기를 만드니까 재밌어서 계속 기억에 남아요." - 김혜림 학생

기억력은 뇌의 능력이다. 기억력이 높아졌다면 아이들의 뇌에 특별한 변화가 생긴 것일까? 가천의대 뇌과학연구소의 도움을 받아

아이들의 뇌의 변화를 관찰했다. 영어 단어를 무작정 외웠을 때와 그림 및 이야기로 연상해서 외웠을 때 뇌가 활성화되는 영역이 과연 달라지는지, 활성화되는 정도가 얼마나 다른지 직접 확인했다.

결과를 확인하기 위해 이미지 연상을 했을 때와 일반적인 방법으로 기억했을 때 일어나는 뇌의 변화를 살펴보기 위해 장비로 촬영하는 방법을 사용했다. 실험에 쓰인 FMRIFunctional MRI, 기능성 자기공명영상는 뇌가 활동할 때 활성화되는 부위와 정도를 1초에 한 번씩 촬영해 보여줌으로써 피실험자의 생각이나 감정에 따른 뇌의 특정 부위 변화까지 관찰할 수 있게 하는 첨단 장비다.

아이들에게 눈에 보이는 단어를 일반기억법과 연상기억법으로 나눠 기억하게 했다. 그러고는 FMRI를 사용해 아이들의 뇌영상을 촬영했다. FMRI는 두뇌가 활동할 때 혈류의 산소 수준 신호를 반복 측정해 뇌가 기능적으로 활성화된 정도를 화면으로 보여준다.

일반기억법과 연상기억법으로 기억할 때 먼저 차이가 나타난 것은 기억한 단어의 개수였다. 1초 이내 나타났다 사라지는 단어를 어느 정도 기억했는지 확인한 결과 현격한 차이를 나타냈다.

또한 뇌의 활성화 영역에서도 흥미로운 현상이 나타났다.

연상기억법을 쓸 때와 연상기억법을 쓰지 않을 때 뇌의 활성화 정도와 영역에 차이를 보였다. 연상기억법을 쓸 때는 뇌의 전전두엽이 더 활성화되었는데, 이 영역은 전략을 계획하고 실행하는 것과 관련된 영역이다. 영어 단어를 외울 때 나름의 암기 전략을 사용했

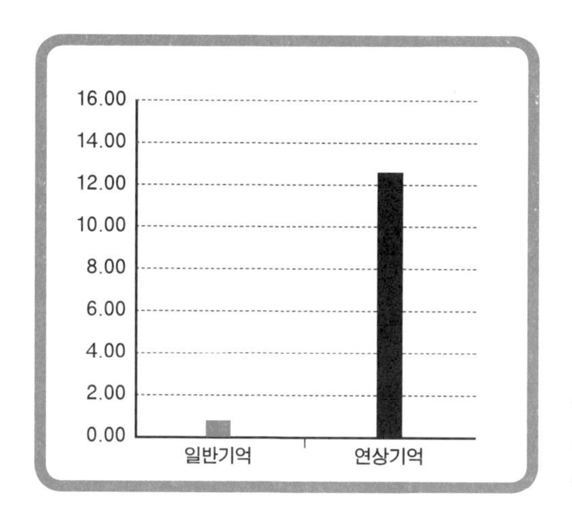

일반기억법과 연상기억법을 사용했을 때 기억한 단어 개수의 차이.

기 때문에 전전두엽이 더 활성화된 것으로 보인다.

또 뇌 가운데 부분에 위치한 시공간 처리를 담당하는 각이랑회는 연상기억법을 쓸 때만 활성화되었다. 시각영역뿐 아니라 시각옆의 2차적인 시공간을 연합하는 영역이 활성화된 것이다. 또 언어중추에서는 언어를 이해하는 영역과 실제로 말을 하는 영역을 연결하는 부분이 많이 활성화되었다. 즉 이미지를 사용해 그림으로 기억하는 방법을 쓰면 뇌의 1차 영역보다는 2차, 3차 연합영역을 활발하게 사용한다는 결과가 나왔다. 연상기억법을 쓰면 더 많은 뇌영역을 사용하게 되는 것이다. 가천의대 김영보 박사는 다음과 같이 설명한다.

"연상기억법을 사용하면 왼쪽 아래에 위치한 전전두엽이랑을 시작으로 좌측 전전두엽, 양측 두정엽, 해마방회가 차례로 활성화됩니

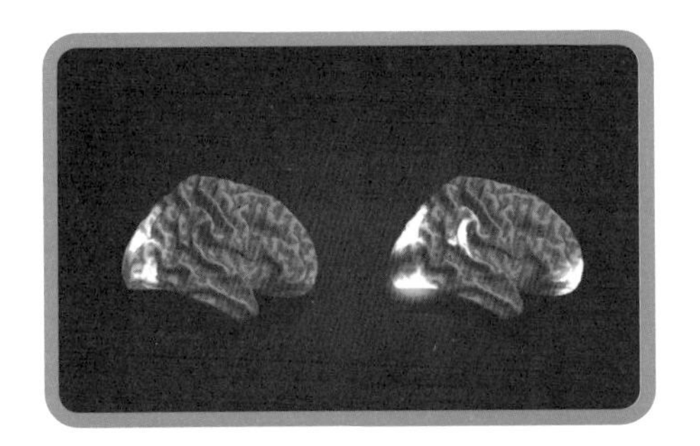

일반기억법(왼쪽)과 연상기억법(오른쪽) 사용 시 전전두엽 활성화 정도.

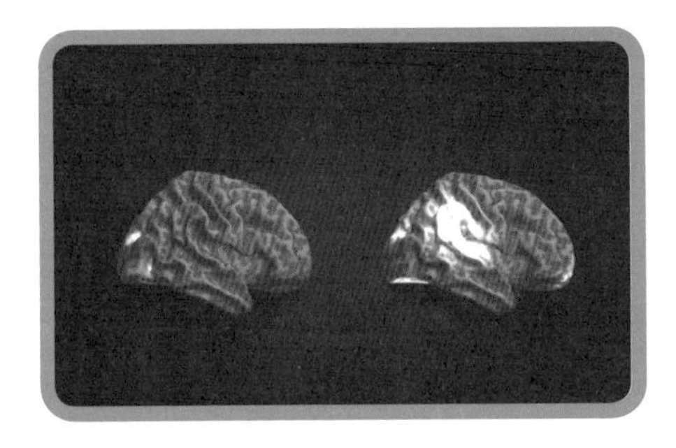

일반기억법(왼쪽)과 연상기억법(오른쪽) 사용 시 각이랑회 활성화 정도.

다. 뇌 안에서 시각이나 청각, 후각 등의 네트워크가 만나는 부분들이 모두 활성화되는 것이죠. 이렇게 다양한 영역이 활성화되면 신경세포의 자극이 많아져 시냅스와 뉴런의 숲이 촘촘해집니다. 정보 연결이 튼튼해져서 더 잘 기억하게 되는 것입니다."

기억력 향상 훈련 이후 눈에 띄게 성적이 오른 아이들을 한 달이 지난 뒤 다시 만났다. 놀랍게도 많은 아이들이 훈련 때 공부한 내용을 같은 방식을 써서 기억하고 있었다. 그때 공부한 내용이 장기 기억으로 전환된 것이다. 또 아이들은 앞으로도 공부할 때 연상기억법을 계속 사용하겠다고 대답했다.

기억력 향상 훈련 이후 성적이 많이 오른 아이들과 별로 오르지 않은 아이들 사이에는 어떤 차이가 있을까? 성적이 유난히 많이 오른 학생들의 경우 눈에 띄는 공통점이 나타났는데, 그것은 독서량이 많다는 점이었다. 평소 독서를 많이 하면 이야기를 만들고 암기하는 일이 더 수월하다. 이야기를 만드는 능력이 있어야 그것을 이용해 암기하는 일도 가능하기 때문이다.

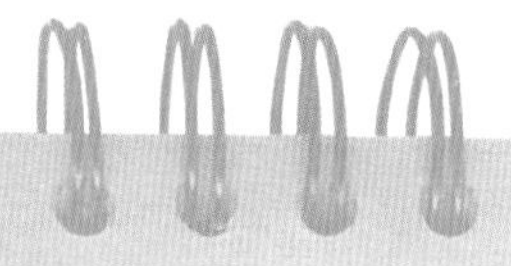

좌뇌와 우뇌를 동시에 활용하라

인간의 뇌는 좌뇌와 우뇌로 구분된다. 보통 좌뇌는 논리, 언어, 수리, 배열 등 논리적인 일을 하고 우뇌는 상상, 공간, 색깔, 리듬 등 상상력과 창의력을 담당하는 것으로 알려져 있다.

언어에 대해서는 좌뇌가 훨씬 많은 일을 한다. 하지만 우뇌가 언어에 전혀 관여하지 않는 것은 아니다. 우뇌는 주로 소리와 이미지를 인식하는 기능을 담당한다. 다른 사람이 말하는 소리든 내가 말하는 소리든 소리 신호를 인식하는 과정은 우뇌에서 이루어진다. 소리 신호를 이미지화하는 것에도 우뇌가 관여한다. 그리고 이렇게 변환된 신호는 양쪽 뇌를 연결하는 통로인 뇌량을 건너서 좌뇌로 넘어간다. 그러면 좌뇌는 들어온 정보를 분석하고 머릿속에 기억하게 된다. 말하자면 언어로 인식하기 위한 1차적 가공, 즉 소리를 듣거나 이미지를 떠올리는 것은 우뇌에서 이루어진다. 우뇌에서 단어를 그림으로 인식하고 좌뇌에서 의미를 부여하면 완전한 기억으로 저장된다.

정보처리 속도만 비교하면 우뇌가 좌뇌보다 압도적으로 빠르고 기억용량도 우뇌가 좌뇌보다 훨씬 크다. 따라서 언어나 숫자를 기억할 때도 우뇌를 함께 사용하면 빨리, 오래 기억할 수 있다. 좌뇌와 우뇌는 협력 관계에 있기 때문에 한쪽만 발달시키기보다는 양쪽을 동시에 발달시키는 것이 학습 능률을 향상시키는 방법이다.

기억법을 활용해 성적을 올리자

기억력 향상은 당연히 학습 효율과 연결되고 성적 향상으로 이어진다. 호진이는 캐나다에서 초 · 중등 시절을 보내고 고등학교에 들어갈 무렵 우리나라로 돌아왔다. 호진이는 밝고 명랑한 성격에 친구들과의 관계도 원만했다. 하지만 학교생활에는 적응하기 힘들었다. 캐나다 학교의 분위기와 우리나라 학교의 분위기가 많이 달랐기 때문이다.

"캐나다의 학생들은 중학교 때부터 아르바이트를 해서 자기 용돈을 벌고 부모님들도 금전적으로 도와주지 않으세요. 대학에 가고 싶은 아이들은 정말 열심히 공부하지만, 그렇지 않은 아이들은 직업을 가지는 데 더 관심이 많죠. 그런데 한국에 오니 모든 아이들이 너무나 경쟁적으로 공부하고 학원에 다니며 선행 학습을 하고 해서 정말 따라가기 힘들었어요."

캐나다와 우리나라의 학교 수업 방식도 많이 달랐다. 캐나다에서 호진이는 주어진 개인별 또는 팀별 프로젝트 과제를 일정 기간 내에 해내는 식의 수업을 받았다. 그런데 우리나라에 오니 일단 입시가 중요한 데다 과목 수도 많고 외울 것도 정말 많았다. 암기에 익숙하지 않은 호진이로서는 수업을 따라가는 것조차 버거웠다. 특히 초등학교와 중학교에서 기본 지식을 쌓지 못한 역사, 지리 등의 과목에서 고전을 면치 못했다. 수업 시간엔 나름대로 열심히 필기도 하고 선생님 말씀을 집중해 들었지만 내용을 이해하고 기억하는 것은 쉽지 않았다.

호진이와 부모님은 새로운 공부 환경에 당황해 어쩔 줄 몰랐다. 호진이는 반복해서 많이 쓰기, 무조건 외우기 등 나름대로 노력을 해보았다. 하지만 다 외웠다고 생각한 것도 막상 시험을 보려고 하면 기억이 나지 않았다. 어떻게든 돌파구를 찾아야 했다. 다양한 공부법을 시도하던 호진이는 어떤 계기를 통해 자신에게 맞는 공부법을 찾을 수 있었다.

"근현대사 책을 읽으면서 그 장면을 상상해 그려본 적이 있거든요. 그런데 친구가 바로 그 내용에 대해 설명 좀 해달라는 거예요. 친구에게 설명해주면서 보니 제가 전에 상상한 내용이 고스란히 기억났어요. 그때 '아, 이게 나한테 맞는 방법이구나' 하고 생각했죠."

호진이가 선택한 방법은 내용을 그림이나 영상으로 변환해 기억하기다. 호진이의 공책은 두 종류다. 하나는 수업 시간에 선생님이 칠판에 적어준 내용을 글로 필기한 것이고, 다른 하나는 같은 내용을 자신이 이해하기 쉬운 그림으로 바꾸어 정리한 것이다.

호진이는 식민 지배의 변화 과정을 그림으로 그려 노트에 정리했다. 캐릭터가 있고 그 캐릭터가 상황 속에서 대사도 한다. 일제강점기에 일본이 우리 민족을 탄압하다가 저항이 심해지자 고민 끝에 민족 분열 정책을 선택하는 과정이 만화처럼 그려져 있다.

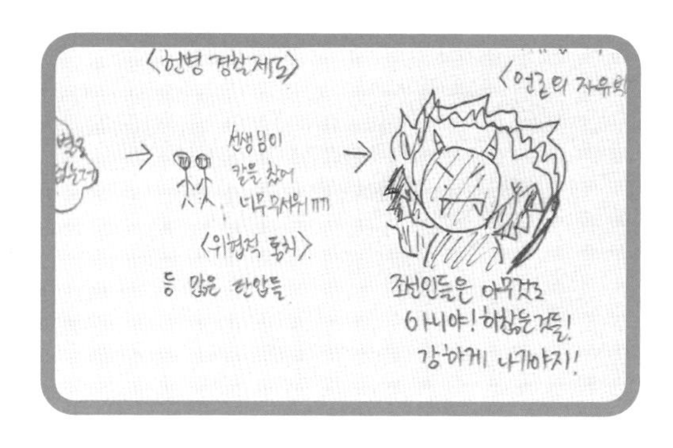

호진이의 역사 노트.

호진이는 학교에서 배운 내용을 집에 가서 한 번씩 읽어보고는 자신만의 방법대로 정리한다. 역사는 이야기를 영화처럼 상상해보고 그 내용을 종이에 옮겨 그린다. 노트에 필기한 내용을 다시 읽어보고 이미지를 떠올려 상상한 다음, 그것을 다시 옮겨 그리며 이야기를 만든다. 이 과정에서 저절로 암기가 되며, 그렇게 외운 것은 여간해선 잊히지 않는다. 시험을 볼 때는 스스로 정리했던 이미지와 이야기가 다시 떠오른다.

지리 공부도 비슷한 방법으로 한다. 지리는 지형이나 지도 등을 있는 그대로 외워야 하는 것이 많으므로 교과서에 있는 그림을 그대로 다시 그려보는 작업을 한다. 그 과정에서 배운 내용이 더 쉽게 이해된다.

호진이는 영어 공부도 같은 방식으로 한다. 단어나 숙어 옆에 의미하는 바를 그림으로 간단히 그려놓는다. 이렇게 정리하는 과정 자체가 재미있다. 시나 소설도 이야기를 떠올려 영화처럼 기억한다.

물론 이런 방식은 시간이 더 걸린다. 하지만 선생님이 써주거나 교과서에 실려 있는 내용을 그대로 보는 것보다 자신이 다시 정리한 내용을 보는 것이 훨씬 기억에 오래 남는다.

기억법의 변화는 성적 향상으로 이어졌다. 특히 기초 지식이 부족해 더욱 힘들어 했던 문학, 역사, 한국지리의 경우 눈에 띄는 발전을 보였다. 공부할 것들을 그림과 이야기로 바꾸는 과정에서 호진이는 내용을 충분히 이해한다. 내용이 이해되지 않으면 그림과

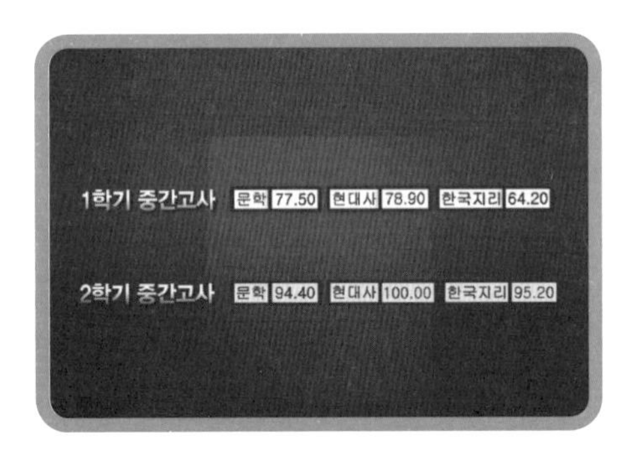

기억법 변화에 따른 호진이의 성적 향상.

이야기를 떠올리는 것 자체가 쉽지 않다. 이해한 내용을 이미지로 변환하고 각 내용을 연결시켜 외우면 그림 이미지는 장기 기억으로 저장된다.

이미지트레이닝의 효과

우리 뇌는 상상과 현실을 구별하지 못한다. 눈으로 직접 보는 것은 시각중추를 거쳐 뇌 속에서 재구성된다. 그리고 상상한 어떤 장면은 뇌 속에서 직접 만들어진 이미지다. 이 둘은 입력 경로는 다르지만 뇌 속에는 같은 영상 이미지로 존재한다. 상상이 충분히 구체적이고 사실적이면 뇌는 실제와 상상을 구분하지 못한다. 그래서 어떤 장면을 상상하는 것만으로도 눈물이 나기도 하고 공포심에 몸이 떨리기도 하고 얼굴이 빨개지기도 한다.

상상 훈련, 즉 이미지트레이닝을 많이 한 사람은 실제 상황에서도 같은 효과를 얻을 수 있다고 한다. 이미지트레이닝은 멘털 트레이닝Mental Training, 멘털 리허설Mental Rehearsal, 멘털 프랙티스Mental Practice 등으로도 불리며 운동선수들 사이에서 큰 효과를 나타내고 있다. 머릿속에서 실제 상황을 세밀하게 그리는 훈련을 하면 기술과 집중력 향상에 도움이 되고, 공포와 긴장을 극복하는 등의 효과를 얻을 수 있다. 경기의 전 과정을 미리 세밀하게 떠올려보면 실제 경기를 치른 것처럼 경기에 익숙해지며, 실수 없는 플레이로 좋은 결과를 얻는 긍정적인 모습을 상상함으로써 자신감을 얻을 수 있다. 운동선수뿐 아니라 일반인도 이미지트레이닝을 통해 이런 효과를 얻을 수 있다. 초보 운전자가 장거리 운전을 앞두고 있을 때, 학생이 중요한 시험을 치르기 전에, 여러 사람 앞에서 프레젠테이션을 해야 할 때 이미지트레이닝은 큰 도움을 준다. 하지만 분명한 것은 이미지트레이닝은 반드시 실제 훈련과 병행해야만 효과가 있다는 점이다. 실제로 운전 연습이나 공부를 하지 않고 상상만 해서는 좋은 결과를 얻을 수 없다.

기억할 내용을 부호화해라

기억을 잘하는 사람들에게는 자신만의 기억법이 있다. 그들은 끊임없는 훈련으로 자신에게 맞는 기억법을 찾아 익힌다. 사람마다, 기억해야 하는 내용에 따라 서로 다른 기억법을 사용한다. 하지만 공통된 특징도 있는데, 바로 부호화다. 우리의 감각기관은 하루에도 수없이 많은 정보를 받아들인다. 정보의 양과 종류가 너무 많으니 혼란을 일으킬 수밖에 없다. 때문에 잘 기억하고 오래 기억하기 위해서는 반드시 정보의 부호화가 필요하다.

부호화란 잘 기억할 수 있도록 정보를 가공하고 정리하고 변형하는 것이다. 무엇을 있는 그대로 기억하는 것이 아니라 어떤 식으로든 기억하기 쉽게 바꿔서 기억하는 것이다.

부호화의 특징으로 연결과 연합이 있다. 이미 알고 있는 것, 이미 머릿속에 들어 있는 정보와 연결 고리를 찾아내 엮는 것이다. 머릿속에 이미 들어 있는 정보가 많으면 연결이 쉽다. 고리가 많기 때문에 다른 것을 연결하기가 쉬운 것이다. 그래서 우등생은 계속 우등생의 길을 간다. 이미 머릿속에 들어 있는 정보량이 많기 때문이다. 우등생은 조금만 공부해도 효율이 높다. 반면에 열등생이 우등생이 되려면 몇 배의 노력을 기울여야 한다. 정보량이 같더라도 기억하는데 우등생보다 더 오랜 시간과 노력이 필요하다. 머릿속에 새 정보를 연결하고 연합할 만한 기존의 정보가 없기 때문이다. 기억의 세계는 빈익빈 부익부다. 공부를 잘하는 학생은 어떤 방식이든 자기만의 부호화 전략을 지니고 있다.

부호화 전략은 배우고 익힐 수 있는 전략이다. 세상에 알려져 있는 부호화 전략은 많다. 여러 가지 부호화 전략을 시도해보고 자신에게 맞는 방법을 찾으면 된다. 물론 암기해야 할 정보의 종류에 따라 각기 다른 부호화 전략을 쓸 수도 있다. 어떤 부호화 전략을 쓰든 전략이 없는 것보다는 훨씬 잘 기억할 수 있다. 자신에게 어떤 전략이 효과적인지는 스스로 알아내야 한다. 이런저런 방법을 써봐야 하고, 또 스스로 새로운 방법도 찾아내야 한다. 중요한 것은 전략을 사용하겠다는 의지다. 하버드대 심리학과 다니엘 섹터 교수는 다음과 같이 전한다.

"기억을 잘할 수 있느냐 없느냐는 정보가 입력될 때 그 정보들을 잘 연관시키고, 새로운 정보가 내 것이 될 수 있도록 머릿속에 이미지와 이야기를 만들어낼 수 있느냐에 달려 있습니다. 이미지화하고 이야기화하면 그것을 기억할 가능성이 높고, 반대의 경우에 그 가능성이 낮아집니다. 또 그 정보가 자신에게 얼마나 중요한가에 달려 있는 경우도 많습니다. 그 정보가 중요하면 그것을 자기 나름의 방식으로 부호화하고자 노력하기 때문에 나중에 잘 기억하는 경우가 많지요."

사실 뛰어난 기억력자가 아니더라도, 특별한 기억법을 배운 적이 없더라도 알고 보면 사람들에게는 다 그 나름의 기억법이 있다. 그렇다면 자기 나름의 기억법이 있는 사람과 그렇지 않은 사람 사이에는 차이가 있을까? 기억법이 실제로 얼마나 도움이 될까? 이것을 알아보기 위해 뉴욕 타임스퀘어에서 지나가는 사람들을 대상으로 단어 기억 실험을 실시했다.

공원을 찾은 시민들에게 영어 단어가 적힌 카드 50장을 주고 30분 동안 암기하게 했다. 그런 다음 영어 단어를 얼마나 많이 기억해낼 수 있는지 실험했다. 실험에 참가한 시민은 10여 명으로 연령대는 20대에서 60대까지 다양했다. 그중 가장 많이 기억해낸 사람은 단어 50개 중 49개를 기억한 로버트 미카엘이었다.

미카엘은 이야기법을 사용했다. 단어를 이어서 여러 개의 이야기를 만들고 그 이야기들이 서로 이어지게 했다. 그는 시각적 이미지가 잘 떠오르도록 의도적으로 성적 또는 폭력적인 이야기를 만들었다고 했다. 성이나 폭력, 부조리한 이야기가 더 기억에 남는다는 것을 알고 있었기 때문이다.

워싱턴에서 의사로 일하는 유대인 제임스 윌리스도 50개 중 40개를 기억했다.

"그냥 몇 가지 연상을 하려고 노력했습니다. 이를테면 잔디(Grass)를 구하고(Save), 식물(Plant)을 모으고 분류해야(Collect, Divide) 한다고 생각했어요. 그런 다음 그중 몇 개를 심으면(Plant) 나에게 즐거운(Pleasant) 일이라고 생각했죠. 그냥 여러 단어를 무작위로 묶어놓는 대신 머릿속에서 제가 연결할 수 있는 방식으로 조합한 것이죠. 또 체스판(Board)을 친구의 결혼 선물로 샀고, 그것을 선물의 교환(Swapping)으로 생각했습니다. 그 체스판은 수공으로 만든 것이어서 Maker라는 단어를 기억했어요. Swap, Board, Maker를 이런 식으로 연상하고 이야기로 만들어 기억하려고 했습니다."

이와 같이 어떤 방법이든 부호화를 할 수 있는 기억법을 활용한 사람들은 높은 성적을 보여준 반면, 단순히 순서대로 외우려고 노력했던 사람들은 상당히 저조한 성적을 보였다. 암기한 단어의 개수가 가장 많은 사람은 49개, 가장 적은 사람은 7개로 무려 7배나 차이가 났다. 이 실험은 부호화가 얼마나 기억력에 큰 영향을 미치는지, 부호화를 통한 기억과 단순 기억 간의 격차가 얼마나 큰지를 여실히 보여준다.

다음에 소개하는 것은 대표적인 부호화 전략들이다. 부호화 전략을 익히고 자신에게 맞는 방법을 찾아보자. 때로는 상황에 따라 한 가지 이상의 부호화 전략을 섞어서 사용해야 할 때도 있을 것이다.

분류하고 정리해라 – 조직화

조직화란 말 그대로 정보를 조직하는 것으로, 어떤 정보가 무질서하게 나열돼 있을 때 이것을 어떤 질서에 따라 잘 정리하는 것이다. 조직화를 잘하면 무턱대고 외울 때보다 더 잘 기억할 수 있다.

여기에 배추, 식탁, 사과, 닭, 치즈, 자동차, 소, 오리, 의자, 토마토, 모자 이렇게 10개의 사물이 있다. 이것들을 조직화해 기억해보자. 우선 분류할 기준을 만든다. 먹을 수 있는 것과 먹을 수 없는 것으로 나누면 다음과 같다.

먹을 수 있는 것: 배추, 사과, 닭, 치즈, 소, 오리, 토마토

먹을 수 없는 것: 식탁, 자동차, 의자

먹을 수 있는 것을 다시 하위분류를 하면 식물성과 동물성으로 나눌 수 있다.

식물성: 배추, 사과, 토마토

동물성: 닭, 오리, 소, 치즈

먹을 수 없는 사물 3개와 먹을 수 있는 것 중 동물성 4개, 식물성 3개로 나누어 외우면 10개의 사물을 암기하기가 훨씬 쉽다.

다른 분류 방법을 쓸 수도 있다. 이를테면 다리가 있는 것과 없는 것으로 나누고, 다리가 있는 것은 다리가 2개인 것과 4개인 것으로 하위분류한다. 이것은 아주 간단한 예지만 많은 사람들이 잘 기억하기 위해 쓰는 조직화 전략이다. 여러 개의 항목을 차이점을 기준으로 나누거나 유사점을 찾아 합치는 식으로 조직화한다.

조직화를 하면 왜 기억하기 쉬울까? 우리의 기억은 따로 떨어져 있는 것이 아니다. 머릿속의 수많은 정보들은 거미줄처럼 네트워크로 연결돼 있다. 정보가 체계적으로 조직화돼 들어오면 기존의 정보와 연결하기가 더 쉽다. 연결이 쉬우면 기억하기도 쉬운 게 당연하다. 이미 있던 기억이 새로운 정보를 기억하도록 도와주기 때문이다. 그리고 정보가 조직화돼 있으면 정보의 한 조각을 끌어낼 경우 다른 조각들도 연이어 끌려 나오게 된다. 서로 연결돼 있기 때문이다. 당연히 기억 인출이 쉬워진다.

예제를 하나 더 풀어보자. 아래에 10개의 단어가 있다.

포도/ 개구리/ 생선/ 나무/ 컴퓨터/ 스탠드/ 소파/ 고구마/ 줄넘기/ 꽃

이것을 조직화해보면 다음과 같다.

밭에 있는 것: 포도, 나무, 고구마, 꽃

물에 있는 것: 개구리, 생선

책상 위에 있는 것: 컴퓨터, 스탠드

벽에 걸려 있는 것: 줄넘기

정보의 조직화는 교사가 해주는 것보다 학습하는 사람이 스스로

하는 것이 효과적이다. 조직화하는 과정에서 이미 정보의 정교화가 이루어지기 때문이다. 정보의 정교화란 가지고 있는 정보를 다른 것과 연결해서 더욱 풍성하게 만드는 것이다. 사물을 자세히 관찰하고 여러 개의 사물을 비교해 그 속에서 유사점과 차이점을 찾는 과정에서 사물의 표상이 정교해진다. 정교화 역시 기억하기를 도와주는 전략이다.

눈에 보이게 만들어라 – 시각화

시각화는 기억하려는 정보를 시각 이미지와 함께 부호화하는 것이다. 우리의 뇌는 시각 이미지는 잘 기억하지만 단어나 숫자 같은 추상적인 것은 잘 기억하지 못한다. 따라서 추상적인 것을 그림과 연결시켜 기억하는 것이 효과적이다.

예를 들어보자. 광어와 도다리는 둘 다 눈이 한쪽으로 몰려 있는 생선이다. 광어는 왼쪽으로 몰려 있고 도다리는 오른쪽으로 몰려 있다. 그런데 이 방향이 무척 헷갈린다. 어느 생선이 어느 쪽으로 몰려 있는지 매번 확인해도 또 잊어버린다. 여기서 광어라는 글자와 광어의 생김새를 연결해 시각화해보자. 광어라는 글자는 왼쪽이 트여 있다. 광어의 'ㄱ'은 왼쪽이 트여 있으며 이것을 눈이 왼쪽으로 몰려 있는 광어의 모습과 연결해 기억한다. 도다리의 'ㄷ'은 오른쪽이 트여 있으며 이것을 눈이 오른쪽으로 몰린 도다리의 모습과 연결해 기억한다. 이렇게 글자의 모양과 눈이 한쪽으로 몰린 모습을 시각화해서 외우면 절대 헷갈리지 않는다.

△, ㆆ, ㆁ, ㆍ는 지금은 없어진 옛 글자다. 이 글자들을 시각화해서 외워보자.

산에 가서 10원 주고 사과를 따 먹고 씨만 남겼다.

이것은 글자를 그림처럼 이미지화한 것이다. △는 산으로, ㆆ는 10원으로, ㆁ는 사과로, ㆍ는 씨로 시각화한 것이다. 이렇게 외우면 글자의 모양도 순서도 잊지 않는다.

다른 예를 하나 더 들어보자. 내일 가져가야 할 준비물이 리코더,

왼쪽이 광어, 오른쪽이 도다리다. 눈의 위치를 잘 살펴보자.

자, 고무줄, 보조가방, 셀로판지라고 할 때 이것들을 머릿속으로 상상해 시각화하자. 리코더를 바닥에 놓는다. 그 옆에 비슷하게 생긴 길쭉한 자를 둔다. 이것을 셀로판지로 싼다. 풀어지지 않게 고무줄로 묶는다. 그것을 통째로 보조가방에 넣는다. 이런 이미지를 상상하고 기억한 다음, 나중에 보조가방 속에 들어 있는 묶음을 떠올리면 준비물을 잊지 않고 가져갈 수 있다.

다음 일곱 단어를 시각화하여 암기해보자.

책/ 핸드백/ 엄마/ 소파/ 슬픔/ 커튼/ 성당

'엄마'가 소파'에 앉아 있는 모습을 상상한다. 엄마는 웬일인지 '슬픔'에 빠져 있다. 방의 '커튼'도 모두 내려져 있어 컴컴한 상태다. 이윽고 엄마는 '핸드백'에 성경'책'을 넣고 '성당'으로 향한다. 이렇게 하면 한 장면을 떠올리는 것만으로도 어렵지 않게 일곱 단어를 모두 기억해낼 수 있다.

수학 공부를 할 때도 그림이나 도표로 표현하면 그 특성을 오래 기억할 수 있다. 역사도 연대표로 정리하면 사건이 일어난 순서를 기억하기 훨씬 쉽다. 지리도 산맥의 이름을 쭉 나열해서 외우는 것보다 지도 위에 표시하면서 그림으로 외우는 것이 기억에 훨씬 오래 남는다.

우리는 왜 글보다 그림을 더 잘 기억할까

인간의 전체 감각에서 시각이 차지하는 비중은 80퍼센트나 된다. 때문에 인간은 시각 정보를 가장 잘 기억한다. 어떤 장소에 대한 설명을 다음 글로 읽어보자.

"입구는 커다란 나무문으로 돼 있다. 문을 열고 들어가면 왼쪽에 철제 의자가 있고 오른쪽에는 우산꽂이가 있다. 방 안 가운데 테이블에는 꽃병이 있고 커튼은 흰색이다."

이렇게 읽는 것과 실제로 나무문을 열고 들어가서 방 안을 살펴보는 것은 기억에서 차이가 있다. 눈으로 한 번 쓱 둘러보기만 해도 나중에 방 안 풍경을 어렵지 않게 묘사할 수 있다. 하지만 듣거나 읽기만 했다면 그대로 기억해내기가 쉽지 않다. 실제로 본 풍경은 기억이 오래가지만, 풍경에 대한 묘사를 듣기만 할 경우 그 기억은 곧 사라진다.

전문가들은 그 이유를 진화론적 관점에서 설명한다. 초기 인류는 숲 속을 헤매며 열매를 채취하고 사냥을 해서 먹을 것을 취했다. 사나운 짐승의 공격에서 스스로를 보호해야 했기 때문에 늘 주변을 살펴 지형지물을 인지하고 사냥터와 채집터를 기억해야 했다. 공간을 탐지하고 인식하고 기억하는 능력은 생존과 직결된 문제였다. 때문에 시각 이미지에 대한 기억력이 발달하게 된 것이다.

기억의 방을 만들어라 – 장소법

장소법은 자신에게 익숙한 장소에 암기해야 할 것들을 배치하는 방법으로, 기억할 항목이 특정 장소에 있다고 상상하는 것이다. 이 기억 전략은 고대부터 사용해왔으며 그리스의 웅변가들도 이 방법을 사용했다.

집에서 학교까지 가는 길을 쭉 이어보자. 엘리베이터를 타고 나선다. 1층 현관에 도착한다. 경비실 앞을 지난다. 아파트 정문이 나타난다. 정문 바로 앞에 미용실이 있다. 그 옆은 편의점이고 그 옆이 문구점이다. 그 옆으로 부동산중개업소와 학교 정문이 나타난다. 엘리베이터, 1층 현관, 경비실, 아파트 정문, 미용실, 편의점, 문구점의 연결은 매일 지나다니는 곳이기 때문에 잘 기억하고 있을 것이다. 이 각각의 장소에 외워야 할 것들을 배치하면 된다.

우리나라 역대 대통령을 외워야 한다면 이렇게 상상해본다. 엘리베이터 안에 이승만 전 대통령이 타고 있다. 그는 백발의 모습을 거울에 비춰 보고 있다. 1층 현관으로 내려가니 윤보선 전 대통령이 현관 앞에 서 있다. 경비실에는 박정희 전 대통령이 앉아 있다. 사진에서 보던 모습 그대로다. 아파트 정문에는 최규하 전 대통령이 서 있다. 이 밖에 전두환 전 대통령은 미용실에서 머리카락에 신경을 쓰고 있는 모습으로, 노태우 전 대통령은 편의점에서 아이에게 사탕을 사주는 모습으로 상상한다.

엘리베이터 - 백발을 거울에 비춰 보고 있는 이승만

1층 현관 - 현관 앞에 서 있는 윤보선

경비실 - 군복 차림으로 경비실을 지키는 박정희

아파트 정문 - 손을 흔들고 있는 최규하

미용실 - 단정하게 머리를 빗는 전두환

편의점 - 아이에게 사탕 사주는 노태우

문구점 - 공책을 들고 있는 김영삼

부동산중개업소 - 장기를 두고 있는 김대중

학교 정문 - 아이들에게 인사하는 노무현

학교 현관 - 실내화로 갈아 신는 이명박

이런 식으로 특정 장소에 놓인 항목을 구체적으로 상상하여 외우면 역대 대통령을 순서대로 떠올릴 때 깜빡 빠뜨리거나 순서를 헷갈릴 염려가 적다.

장소는 그대로 사용하면서 기억해야 할 항목을 다른 것으로 대체할 수도 있다. 장을 보러 가면서 엘리베이터에는 당근이 놓여 있고, 1층 현관에는 생수가 있고 하는 식으로 상상하는 것이다. 이때 장소는 자신에게 익숙한 곳이어야 한다. 집에서 학교까지 가는 길도 좋고 자신의 집도 좋다. 자신에게 익숙한 방 안 풍경을 이용할 수도 있다. 책상 위, 의자 위, 책꽂이 앞 등에 기억할 항목을 놓아두면 된다.

선생님들도 학기 초에 이 방법을 자주 사용한다. 학생들이 정해진

자리에 앉으면 앉은 자리를 보고 그 학생의 이름을 외운다. 얼굴도 모르고 이름도 모르는 상태에서 둘 다 한꺼번에 외우기는 어렵다. 자리는 고정된 것이니 앉은 위치대로 이름을 외우면 쉽게 외워진다.

첫 글자만 따서 외워라 – 두음법

태정태세문단세예성연중인명선……. 중 · 고등학교를 다닌 사람이라면 누구나 외우고 있는 조선시대 역대 왕들이다. 조선시대 왕은 27명이나 돼 이를 순서대로 외우기란 쉽지 않다.

두음법은 첫 글자만 따서 외우는 방법으로 자주 운율법과 같이 쓰인다. 첫 글자만 따서 외우되 운율을 넣어 외우는 것으로, 대부분 일곱 자리 정도로 끊어서 외운다. '태정태세문단세, 예성연중인명선, ……'으로 끊어 외우는 것과 같다.

두음법으로 무엇을 외우거나 전화번호 등의 숫자를 외울 때 사람들은 대부분 일곱 자리로 끊어 읽는다. 이것은 단기 기억의 용량과 관계가 있다. 심리학자 밀러에 따르면 사람이 한 번에 외울 수 있는 기억의 용량은 7±2 정도라는 것이다. 전화번호가 일곱 자리 내외인 이유도 바로 이 때문이다.

두음법의 예로 또 무엇이 있을까?

태양계의 행성 순서도 두음법으로 외운다. 태양계에 속한 행성을 외우는 동시에 늘어선 순서까지 외울 수 있다.

수금지화목토천해명

무지개의 색깔도 두음법으로 외운다.

빨주노초파남보

이외에도 의대생들은 복잡한 관절과 근육의 명칭을 두음법으로 외운다고 하며, 다른 나라에서도 두음법을 사용한다고 한다.

두음법이 위력을 발하는 때는 많은 양의 정보를 순서대로 외워야 할 때다. 다음의 원소주기율표에서 20번까지 두음법으로 암기해 보자.

원 소 주 기 율 표

(장주기율표)

1	2	3	4	5	6	7	8	9	10	11	12	13	14	15	16	17	18
1 H																	2 He
3 Li	4 Be											5 B	6 C	7 N	8 O	9 F	10 Ne
11 Na	12 Ma											13 Al	14 Si	15 P	16 S	17 Cl	18 Ar
19 K	20 Ca	21 Sc	22 Ti	23 V	24 Cr	25 Mn	26 Fe	27 Co	28 Ni	29 Cu	30 Zn	31 Ga	32 Ge	33 As	34 Se	35 Br	36 Kr
37 Rb	38 Sr	39 Y	40 Zr	41 Nb	42 Mo	43 Tc	44 Ru	45 Rh	46 Pd	47 Ag	48 Cd	49 In	50 Sn	51 Sb	52 Te	53 I	54 Xe
55 Cs	56 Ba	57~71	72 Hf	73 Ta	74 W	75 Re	76 Os	77 Ir	78 Pt	79 Au	80 Hg	81 Tl	82 Pb	83 Bi	84 Po	85 At	86 Rn
87 Fr	88 Ra	89~103	104 Rf	105 Db	106 Sg	107 Bh	108 Hs	109 Mt	110 Ds	111 Rg	112 Uub	113 Uut	114 Uuq	115 Uup	116 Uuh	117 Uus	118 Uuo
란타넘 족 ⇨			57 La	58 Ce	59 Pr	60 Nd	61 Pm	62 Sm	63 Eu	64 Gd	65 Tb	66 Dy	67 Ho	68 Er	69 Tm	70 Yb	71 Lu
악티늄 족 ⇨			89 Ac	90 Th	91 Pa	92 U	93 Np	94 Pu	95 Am	96 Cm	97 Bk	98 Cf	99 Es	100 Fm	101 Md	102 No	103 Lr

비금속: 기체, 액체, 고체
금속: 액체, 고체
란탄족
악티늄족

원소명이 붉은색으로 적힌 원소의 이름은 2005년 변경된 KS표준 표기법에의해 변경된 표준이름을 표기하였습니다.

예) 불소(F)→플루오린, 요오드(I)→아이오딘

미 약 정

http://www.cyworld.com/vitiazblue2

H-He-Li-Be: 수헬리베

B-C-N-O-F-Ne: 비키니오픈

Na-Mg-Al-Si: 나만알지

P-S-Cl-Ar: 펩시콜라

K-Ca: 크카

스토리를 만들어라 – 이야기법

이야기법은 기억해야 할 것들을 이야기로 연결해서 기억하는 방법이다. 기억할 항목들을 이야기 속에 배치한 후 암기하고, 기억한 정보를 회상할 때는 이야기를 풀어나가면서 곳곳에 들어 있는 정보를 끌어낸다.

이스라엘의 기억 천재 에란 카츠는 숫자를 단어로 변환한 뒤 그 단어들을 사용해 이야기를 만드는 이야기법을 사용한다. 우리나라의 두뇌개발연구센터 소장인 이강백 씨도 이야기법으로 영어 단어를 외운다. 이강백 씨에게 단기 기억력 향상법을 배운 학생들 역시 이야기법을 사용했다.

스스로 이야기를 만들면 나중에 암기한 것들을 편리하게 기억해낼 수 있다. 또한 이야기를 꾸며나가는 과정 자체도 기억을 강화하는 데 도움을 준다. 영화를 보든 소설책을 읽든 우리가 기억하는 것은 단어가 아닌 전체 이야기다. 그 이야기를 잘 기억하고 있으면 그

안에 적절히 녹아 있는 단어들도 쉽게 떠오른다.

숫자가 가진 소리를 이용하여 의미를 만들어내는 것도 이야기법의 예다. '8282'는 '빨리빨리'와 발음이 비슷하여 퀵서비스나 배달업체들이 선호하는 전화번호로, 일산 지역의 콜택시 전화번호로 사용되는 '1382(일산 빨리)'도 이와 같은 예다.

역사적 사건이 일어난 연도나 은행 계좌번호 등의 복잡한 숫자를 외울 때 이야기법을 사용하면 편리하다. 계좌번호가 '07-09-52111-3'이라면 '땡칠(07)이가 공구(09)를 사용해서 오이(52)를 탁탁탁(111) 잘라 3개로 만들었다'는 식으로 이야기를 구성해 암기할 수 있다.

쪼개고 나눠서 외워라 – 직소법

직소란 퍼즐과 같이 여러 그림 조각을 맞추어 하나의 큰 그림으로 만드는 것을 말한다. 학생들은 차트, 그래프, 슬라이드와 같은 그림을 기억해야 할 경우가 자주 있다. 역사와 지리 과목의 경우 차트와 그림 자료를 기억할 필요가 있다. 그림 정보를 기억해야 할 때 한번에 그것을 모두 기억하기는 쉽지 않다. 그림 정보를 기억할 때는 현저히 드러나는 특징부터 시작해 부분 부분 조금씩 기억하고 나중에 전체적으로 연결하는 것이 효율적이다.

기억해야 할 자료가 그림일 경우, 그것을 먼저 4개의 면으로 나눈다. 즉 수직과 수평으로 나누어 4등분을 하고 각각에 1, 2, 3, 4로 번호를 매긴 다음, 그림의 4분의 1면을 집중해 본다. 이때 다른 방식의 부호화를 사용할 수 있다. 그림에 나와 있는 내용을 이야기로 만들어볼 수도 있다. 그림을 여러 번 검토한 후 다음으로 넘어간다. 2면도 같은 방식으로 기억한다. 그런 다음 퍼즐을 맞추듯 그림들을 연결한다.

덩어리로 뭉쳐서 외워라 – 청크법

가끔 TV에서 바둑 대국을 중계해줄 때가 있다. 기사 둘이 바둑판을 가운데 두고 마주 앉아 대국을 한다. 경기가 끝나고 승패가 나뉘면 해설자가 그 경기를 그대로 재연하며 해설한다. 해설자는 빽빽이 놓여 있던 흰 돌과 검은 돌의 위치를 어떻게 다 외울까? 사실 해설자뿐 아니라 기사들도 자신이 놓았던 돌의 위치를 그대로 재연할 수 있다. 이것을 '복기'라고 한다. 이들은 어떻게 그 많은 바둑돌의 위치를 정확히 다 기억할까? 바둑을 오래 두어 머리가 비상해진 걸까?

프로 기사가 바둑돌의 위치를 정확히 기억하는 이유는 일정한 패턴이 있기 때문이다. 바둑돌은 일정한 원칙에 따라 놓이며 기사는 그것을 어떤 덩어리로 인식한다. 공학도가 복잡한 회로도를 기억하는 것도 마찬가지다. 회로도는 무척 복잡하지만 각 부분은 어떤 패턴으로 이루어져 있다. 공학도는 그 익숙한 패턴이 조금씩 변형되거나 연결되는 것을 기억하는 것이다.

그런데 기사는 규칙이 있는 바둑 경기는 그대로 복기할 수 있지만 바둑판에 아무렇게나 늘어놓은 바둑돌의 위치는 기억하지 못한다. 패턴이 없기 때문이다.

체스도 마찬가지다. 체스의 대가들은 체스판을 잠깐 보고도 그대로 재연할 수 있다. 체스판을 개개의 말들의 집합이 아니라 패턴이 있는 조직적 구조로 지각하기 때문이다.

네덜란드의 심리학자 아드리안 드 그루트Adrian de Groot는 체스 대가들의 기억력을 시험했다. 그는 게임이 진행 중인 체스판을 약 5초 동안 보여주고는 다른 체스판에 동일하게 나타내라고 주문했다. 체스 대가들은 단 5초 동안 판을 본 후 90퍼센트의 정확도로 말들을 놓았다. 하지만 일반 사람들은 말들을 늘어놓는 동안 여덟 번이나 체스판을 다시 들여다봐야 했다. 그들의 머릿속에는 체스의 패턴, 즉 청크Chunk가 없었기 때문이다.

청크는 덩어리라는 뜻으로, 구조화된 패턴이 바로 청크다. 어떤 것을 덩어리로 기억하면 훨씬 기억하기가 쉽다. 외국어 공부도 마찬가지다. 영어 단어를 따로따로 외우는 게 아니라 문장을 통째로 외우면서 그 문장 안에서 단어가 어떻게 기능하는지를 익힌다. 문장 형태를 통째로 익히면 주요 단어만 바꾸어도 비슷한 다른 문장으로 응용할 수 있다. 이것이 청크 영어 학습법이다. 숙어를 외우는 것도 청크 학습법의 일종이다. 예를 들어보자.

I'd like to: 무엇하고 싶다.

I'd like to fall in love: 사랑에 빠지고 싶어.

I'd like to go home: 집에 가고 싶어.

I'd like to have some food: 뭣 좀 먹고 싶어.

It looks like: ~인 것처럼 보인다.

It looks like a bright sunny day: 맑을 것 같군.

It looks like rain: 비가 올 것 같아.

It looks like the elevator is broken: 엘리베이터가 고장났나 봐.

You have an eye for: ~에 감각이, 안목이 있다.

You have an eye for fashion: 패션 감각이 있구나.

You have an eye for paintings: 그림을 보는 안목이 있구나.

You have an eye for music: 음악에 대한 감각이 있구나.

숙어를 외워두면 문장의 패턴을 알 수 있다. 그 다음은 응용만 하면 된다.

처음 영어를 배울 때는 알파벳 하나하나가 따로따로 들어온다. 스펠링을 외우기도 힘들다. 하지만 익숙해지면 단어도 덩어리로 들어온다. 'Recreation'이라는 단어를 예로 들어보자. '다시'를 뜻하는 'Re'와 창조를 뜻하는 'Create'와 명사형에 붙는 '-tion'이 덩어리로 인식된다. 하나하나 외우는 것보다 훨씬 기억하기 쉽다.

최초의 기억법

최초의 기억법은 기원전 500년경 시모니데스Simonides의 기억법으로 알려져 있다. 그리스의 시인 시모니데스는 어느 날 한 귀족이 베푸는 연회에 초청되었다. 시를 한 편 읊어달라는 귀족의 요청에 시모니데스는 시를 읊고 난 뒤 잠시 밖으로 나갔다. 그런데 그 사이에 연회장 지붕이 무너지는 바람에 그 안에 있던 사람들 모두 처참하게 깔려 죽고 말았다. 사체는 모두 짓이겨져 신원을 알아볼 수 없을 정도였다. 그렇다면 피해자의 친척들은 어떻게 친족을 찾아내 장례를 치러주었을까?

잠시 연회장을 벗어나 유일하게 살아남은 시모니데스는 당시 손님들이 앉아 있던 자리를 대부분 기억했다. 손님들과 그들이 앉아 있던 자리를 연결시켜 기억하고 있던 그가 신원 식별을 도왔던 것이다. 이 경험을 계기로 그는 새로운 기억법을 연구하게 됐다.

그는 하나의 방을 떠올렸다. 창문이 있고 그 창문에 커튼이 있고 그 밑에는 테이블이 있고 하는 식으로 방 안 모습을 눈앞에 펼치듯 생생하게 떠올린다. 그리고 방 안 곳곳에 기억해야 할 것들을 놓아둔다. 이런 방식은 연회장에서 창가에 누가 앉아 있었고 그 옆에 누가 서 있었는지를 떠올리는 것과 같다. 시모니데스는 이렇게 기억해야 할 것이 있을 때마다 마음의 눈으로 그것이 놓여 있던 장소를 바라보았다. 그의 기억법은 오늘날까지 계속 사용되고 있다.

기억이란 무엇일까?

기억이란 살아가면서 경험한 것을 뇌의 특정 부위에 저장해두었다가 필요에 따라 꺼내 사용하는 정신활동이다.

저장Input과 인출Output은 기억의 요소다. 수학 공식이나 전화번호, 영어 단어를 외우는 것도 기억이다. 자전거를 타는 법이나 원자핵공학의 원리를 익히는 것도 기억이다. 가족 및 연인과 추억을 쌓는 일, 사람들과 관계를 맺는 일도 기억에 의존해 이루어진다. 생각해보면 아침에 일어나 집을 나섰다가 저녁에 들어오는 일만 해도 엄청난 기억량을 필요로 한다. 만약 기억이 없다면 인류가 지금까지 문명을 발달시키면서 생존을 지속해오는 것 자체가 불가능했을 것이다. 한마디로 기억은 인간을 가장 인간답게 만들어주는 기술이다. 기억은 최소한의 인간적 삶을 유지시켜주는 도구이며 삶의 질을 좌우하는 중요한 기술이다.

기억의 역사는 바로 인간의 역사이기도 하다. 인간이 지닌 가장 오래된 기술이 바로 기억력이다. 기억력은 생존의 유용한 수단이자 일상생활의 필수 요소다. 고대의 인간들은 어떤 동물이 위험하고 안전한지, 어떤 동물은 먹을 수 있고 어떤 동물은 먹을 수 없는지를 기억해야 했다. 어디에 가면 먹을 수 있는 풀과 열매가 있는지, 어느 곳에 가야 안전하게 쉬고 잠잘 수 있는지도 기억해야 했다.

글과 인쇄술이 없던 시대에 역사를 기록하는 도구는 인간의 기억뿐이었다. 인류의 역사와 문명은 기억에 의존한 구술로 한 사람에게서 다른 사람에게로 전해졌다. 기록이 여의치 않던 시대에 기억은 그 자체로 문명이었다. 그렇기 때문에 우수한 기억력을 지닌 사람이 존경을 받았으며 권력을 가질 수 있었다.

인류가 문자를 발명했을 당시에는 지배자들과 기득권자들만의 전유물이었으나 종이와 인쇄술이 널리 퍼지면서부터 대부분의 사람들이 문자를 사용하게 되었다. 기억에 의존하지 않고도 기록으로 정보를 남기는 일이 가능해졌다. 문헌에 의지하는 문화의 시대에 접어들면서 기억력의 위력은 점차 떨어졌다. 기억할 필요성이 줄어들면서 기억 자체가 위축되는 현상이 나타난 것이다. 초능력적인 기억력을 개발하려는 노력은 점차 줄어들었다.

과학기술이 발달함에 따라 기억력의 중요성은 더 평가절하되었다. 컴퓨터가 일상화되면서 방대한 정보에 쉽게 접근할 수 있게 됐다. 또한 스마트폰의 대중화로 말미암아 누구나, 언제나 어디서나 정보를 검색하고 전달할 수 있다. 때문에 우리는 과거에 비해 외우려는 노력을 하지 않는다. 일부러 외우지 않아도 다른 기기들이 우리를 도와주기 때문이다. 언제나 들고 다니는 스마트폰이 기억의 기능을 대신한다.

하지만 기억력은 중요하다. 우리 자신이 누구인지를 아는 것, 우리가 어떻게 살아왔는지를 알고 앞으로 어떻게 살아갈지를 예측하는 능력은 기억에 달려 있다. 우리는 기억이 있기 때문에 생존할 수 있다.

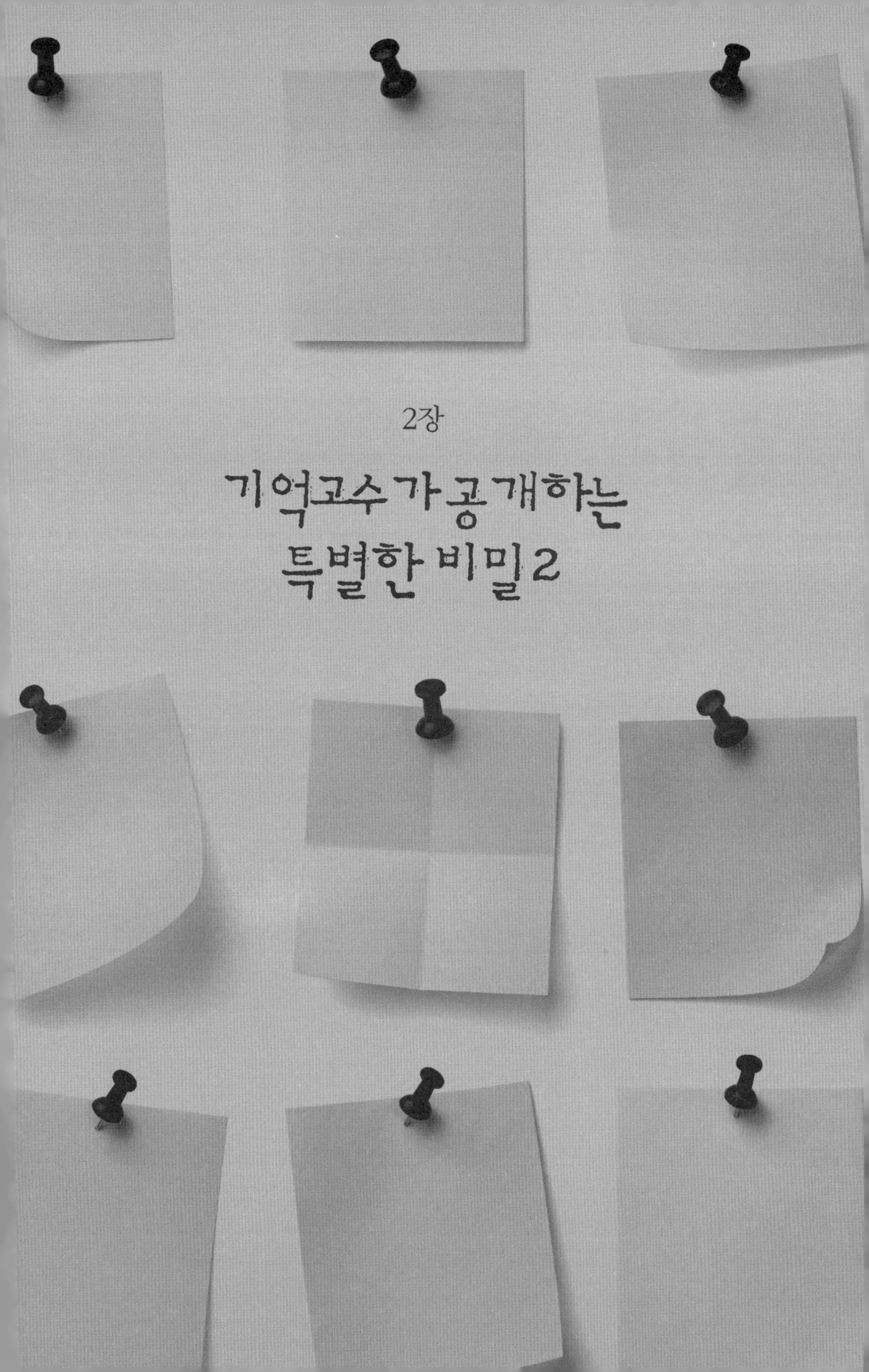

2장

기억고수가 공개하는 특별한 비밀 2

원시적인 감정의 뇌

배우들은 감정을 담아 연기하면 대사가 더 잘 외워진다는 것을 경험으로 알고 있다. 이에 대한 과학적인 연구도 있다. 엘머스트대 교수인 헬가 노이스와 그의 남편이자 배우 겸 감독이며 인디애나주립대 교수인 토니 노이스의 연구다. 이들은 2006년 미국 심리학 회지에 발표한 논문에서 실제 배우들에 대한 심리학적 연구를 통해 배우들이 긴 대사를 기계적으로 암기하는 게 아니라 극적 상황, 감정, 행동과 관련시켜 힘들지 않게 외운다는 사실을 밝혀냈다.

"훌륭한 배우는 대사를 생각하지 않고 상대 배우의 반응을 통해 자기 배역의 의미를 느낍니다. 대사를 한다기보다는 그 배역에 동화돼 그 상황에 깊이 빠져드는 것이죠. 등장인물의 감정도 같이 느낍니다."

실제로 배우들은 혼자 대사를 외우기보다는 주변 사람에게 대본을 주고 대사를 서로 주고받는 식으로 연습한다. 상황에 더 몰입하기 위해서다.

배우들의 말대로라면 감정이 기억에 큰 도움이 된다는 것인데, 정말 감정과 기억은 관계가 있을까? 감정을 자극하면 기억이 더 잘 될까? 중립적인 내용보다 감정과 관련된 내용이 더 잘 기억될까? 실제로 실험을 해보았다.

서울 디자인고등학교 학생들을 대상으로 단어 기억 실험을 실시했다. 먼저 140개의 단어를 아이들에게 보여준다. 단어는 두 종류로, 한 종류는 사물의 이름을 지칭하는 중립적인 것이고 다른 한 종류는 기쁘다, 슬프다 등의 감정을 나타내는 추상적인 단어다. 단어를 보여준 다음 아이들에게 쉬는 시간을 주되 실험에 대해 밝히지 않고 자유롭게 시간을 보내도록 했다. 일부러 망각하는 시간을 주는 것이다. 아이들은 책상에 엎드려 있거나 휴대전화를 만지작거리며 놀거나 하며 시간을 보냈다.

15분 후, 아이들에게 보여주었던 단어의 두 배인 280개의 단어를 보여주고 15분 전에 본 단어라고 기억되는 것에 표시하게 했다. 실험 결과 31명의 학생 중 61.3퍼센트 정도가 중립 단어보다는 감정 단어를 더 많이 기억하는 경향을 보였다. 특히 '예쁘다'나 '흥분'과 같이 평소 자주 느끼는 감정 단어의 경우 31명 가운데 30명이 기억했다.

다음은 아이들의 반응이다.

아이들에게 제공한 단어 기억 실험지.

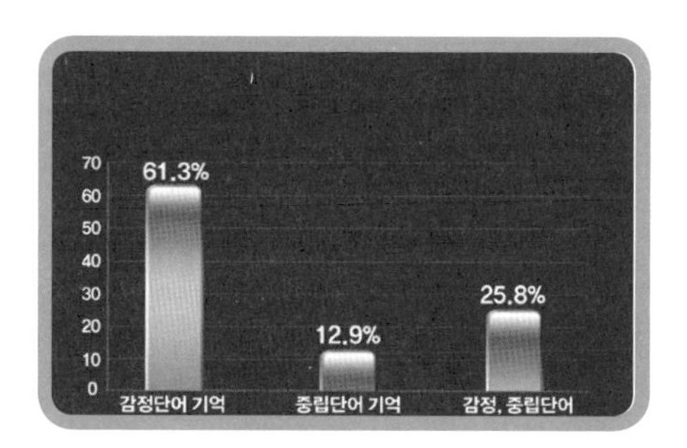

아이들의 단어 기억 실험 결과.

"훈훈하다, 설렘, 두근두근. 다 연관해서 생각났어요. 설레면 두근두근하고 훈훈해도 두근두근하니까." - 안수경 학생

"기쁘다, 수치스럽다…… 자신이 느꼈던 감정이니까 그래서 기억나는 거 같아요."- 한현민 학생

"기쁨, 슬픔, 절망, 우정…… 지금까지 느껴본 감정들이라 기억나요."
- 김도훈 학생

아이들은 기쁘다, 설렌다는 단어를 많이 기억했다. 그 이유에 대해 정확하게 답하지 못했으나, 직접 겪은 것이기 때문에 당연히 기억난다는 반응을 보였다. 학생들은 왜 감정 단어를 많이 기억할까? 그 비밀의 열쇠가 뇌 안의 편도체에 있다.

공포를 기억해라 – 편도체의 비밀

뇌의 가장 중요한 기억중추는 해마다. 해마는 변연계에 속해 있으며, 같은 변연계에 속한 것으로 편도체가 있다. 편도체는 아몬드 모양의 작은 뇌 조직으로 감정을 주관하며 해마 바로 옆에 있다.

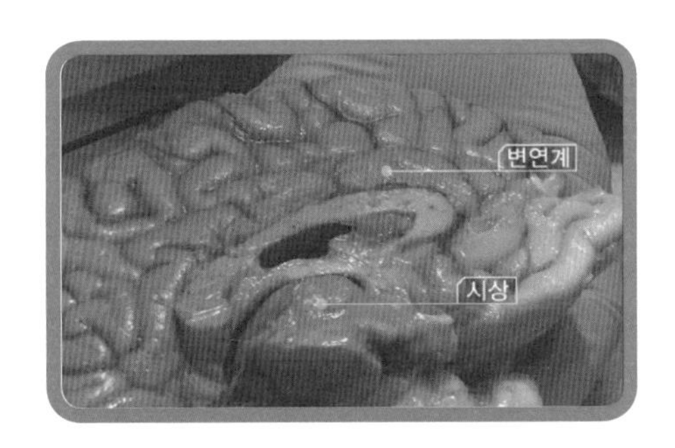

변연계와 시상.

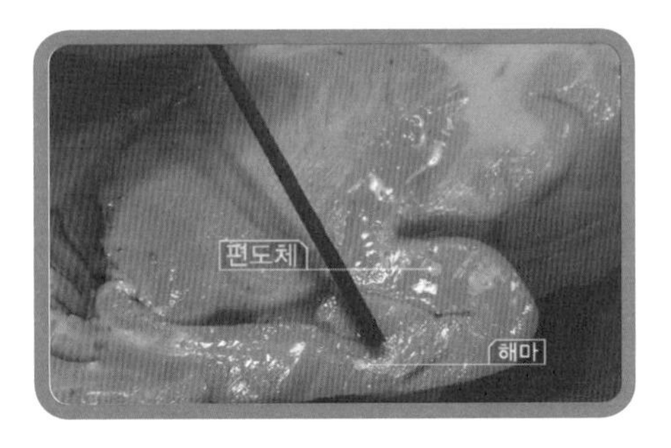

편도체와 해마.

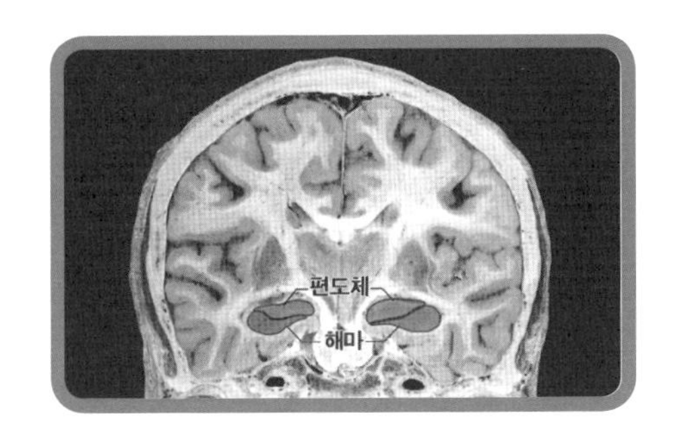

뇌의 절단면 모습.

해마는 3세 무렵에 발달한다. 사람이 3세 이전의 일을 기억할 수 없는 이유는 그때까지 해마가 발달하지 않았기 때문으로 본다. 그런데 아주 특별하고 큰 사건, 즉 개한테 물리거나 닭한테 쫓기는 등 공포와 관련된 사건은 3세 이전의 일이라도 기억한다. 그것은 공포의 감정과 그 기억에 관여하는 편도체가 해마보다 빠른 3세 이전에 발달하기 때문이다.

가천의대 김영보 교수는 감정과 관련되면 더 잘 기억할 수 있는 이유에 대해 다음과 같이 설명한다.

"편도체는 오래된 뇌, 원시적인 뇌로 불립니다. 원시적일수록, 오래됐을수록 뇌의 거미줄이 튼튼합니다. 근육을 쓰면 쓸수록 늘어나듯이 기억도 마찬가지입니다. 오래되고 튼튼하고 네트워크가 잘돼 있는 원시적인 뇌를 자극하면 당연히 기억이 잘됩니다."

어린 아기들은 뜨거운 것이 위험하다는 것을, 사나운 개가 무섭다는 것을 알지 못한다. 하지만 경험을 통해, 어른들의 제지를 통해 불안과 공포를 알게 된다. 이것은 강렬한 기억으로 새겨진다. 뇌는 생존과 관련된 것은 잊지 않도록 프로그램돼 있기 때문이다. 공포를 기억하는 것은 생존을 위한 필수 요소다. 공포는 학습된 감정으로 편도체를 활성화시킨다. 활성화된 편도체는 해마와 나머지 뇌의 부분에 '이것은 중요하다, 꼭 기억해야 한다'고 알린다. 이렇듯 공포와 여타의 감정들을 주관하는 편도체가 기억에 깊이 관여한다.

놀라운 기억력을 보이는 자폐증의 비밀

노인 요양병원에서 일하는 두호는 어릴 때부터 자폐증을 앓아왔다. 자폐증은 의사소통이 어렵고 인지 발달도 저해되는 발달상의 장애다. 하지만 두호는 숫자 앞에서는 거침없다. 그는 숫자를 외우는 능력이 탁월해 15년 치 달력을 외운다고 한다. 몇 년 몇 월 며칠, 날짜만 대면 두호는 그날이 무슨 요일인지 알아맞힌다. 계산법이 따로 있는 것이 아니다. 머릿속에 달력이 사진처럼 찍혀 들어 있다. 두호는 그 머릿속의 달력을 보고 요일을 말한다.

자폐증을 앓으면서도 놀라운 기억력을 보이는 사람은 또 있다. 경기도 안양시 경인교대 도서관에서 근무하는 강원식 씨. 장서가 12만여 권에 하루 2,500여 명이 이용하는 이곳에서 일하는 그는 특별한 기억력으로 유명하다. 사서보조원인 그는 매일 오후 네 시간씩 일하며 신간이나 반납된 책을 하루 500여 권씩 제자리에 꽂아놓는 일을 하고 있다. 그는 다른 사서들이 하는 방식대로 일하지 않는다. 그의 머릿속에는 자주 대출되는 인기 서적들의 '제자리'가 대부분 입력돼 있다. 때문에 암호 같은 분류번호 대신 제목만 보고도 쉽게 제자리를 찾아 책을 꽂아놓는다. 사서 경력이 수십 년이나 되는 사람도 못하는 일을 그는 쉽게 해낸다.

세상으로 향한 문을 닫아걸고 자신만의 세계에 갇혀 지내는 이들이 놀라운 기억력을 보이는 이유는 뭘까?

과학자들은 자폐증의 원인을 밝히기 위해 해마와 편도체가 있는 변연계의 해부학적 문제에 주목해왔다. 서울대 의과대학 류인균 교수팀은 그 비밀에 다가서는 연구 결과를 내놓았다. 편도체에는 3개의 영역이 있는데, 이 가운데 외부 정보를 처음 받아들이는 측기저핵의 부피가 정상인보다 커져 있다는 것을 발견한 것이다. 정상 범위를 벗어나 커져 있다는 것은 그 기능이 떨어진다는 것을 의미한다.

류인균 교수의 설명에 따르면 측기저핵의 기능이 떨어지면 외부 상황을 적절히 파악해서 대응하는 능력이 떨어진다고 한다. 말하자면 외부와 단절돼 자신만의 세계에 갇히는 것이다. 자폐증의 가장 큰 특징, 즉 사회성 결여의 문제가 바로 이 때문에 발생한다는 설명이다.

자폐증인 사람은 외부 자극에 반응하고 외부 세계의 신호를 이해하는 능력이 떨어진다. 하지만 그 때문에 고도의 집중력을 가지게 된다. 외부의 방해가 없기 때문이다. 외부와의 단절로 생긴 집중력과 그에 따른 기억력의 향상이 자폐증을 앓는 사람이 지닌 기억력의 비밀이다.

외상 후 스트레스 장애

감정과 관련된 일은 두고두고 기억된다. 대형 사고 생존자들의 편도체에는 그 당시의 사고 경험이 고스란히 저장돼 있다. 충격적인 사건을 경험한 뒤에 발생할 수 있는 정신적 · 신체적 증상을 통칭해 '외상 후 스트레스 장애'라고 한다.

전쟁, 고문, 자연재해, 교통사고 등 끔찍한 사건을 경험하고 나면 그 사건에서 느꼈던 공포감이 사건이 끝난 후에도 지속된다. 분노와 공포, 공황발작을 경험할 수도 있고 환청 등의 지각이상을 경험할 수도 있다. 우울과 충동조절 장애, 공격적 성향이 나타나고 집중력 및 기억력 저하 등의 인지기능 문제가 나타날 수도 있다. 그렇기 때문에 정상적인 생활을 하기가 어렵다. 사고 순간에 느꼈던 감정이 작은 자극에도 고스란히 되살아나고, 때로는 그 사건을 다시 겪는 것 같은 환상이 나타나기도 한다. 공포와 관련된 기억은 시간이 지나도 희미해지지 않는다. 오히려 더 활성화되는 경우도 있다. 몸에 난 상처는 치유가 되지만 마음의 상처는 오래 남는다. 편도체가 그 기억을 깊이 새기고 있기 때문이다.

몸을 움직여 머리를 깨워라

감정과 더불어 기억을 활성화시키는 것은 행동이다. 노이스 교수 부부는 연극배우들에게 동작을 동반하는 장면과 동작이 없는 장면의 대사를 암기해 연기하도록 했다. 전체 대사 분량을 100으로 봤을 때 동작과 대사를 동반한 경우에 58.6퍼센트를 기억했고, 대사만 있을 경우에는 27.6퍼센트만 기억했다. 동작이 많은 장면의 대사를 두 배 정도 더 잘 기억한 것이다.

배우는 대사를 외울 때 그저 가만히 앉아서 기계적으로 암기하는 것이 아니다. 무대를 가로질러 걷거나 서성대거나 돌아서거나 왔다 갔다 하거나 손짓과 발짓을 하는 등 적당한 움직임을 하며 외운다. 그렇게 외운 대사는 별다른 방법을 쓰지 않고 외웠을 때보다 더 쉽게 떠오른다.

〈개그콘서트〉의 김원효 씨 역시 머리가 기억하지 못하는 것을 몸이 기억한다고 말한다. 대사를 잊었다가도 그 대사를 했을 때의 동작을 취하면 다시 기억나기도 한다는 것이다. 2012년 KBS 〈개그콘서트〉에서 주목받았던 코너가 있다. '비상대책위원회'라는 코너로 테러범의 테러 위협에 경찰과 군인, 관료가 대책 회의를 하는 모습을 그린 콩트다. 개그맨 김원효 씨는 대책을 제안하는 부하의 말에 "안 돼!"를 연발하며 쉬지 않고 대사를 쏟아낸다. 탁상공론만 하는 경찰 캐릭터를 맡고 있는 그의 대사 분량은 3,000자 이상이나 된다. 게다가 속도도 엄청나게 빠르다. 그가 아주 긴 대사를 속사포같이 쏟아놓으면 객석에서는 탄성이 쏟아진다. 그 많은 대사를 틀리지 않고 이어서 말하는 것이 대단하다는 반응이다. 공연 코미디의 특성상 엔지가 나면 객석의 반응이 떨어지기 때문에 김원효 씨는 연기하는 내내 긴장을 늦출 수 없다.

"야, 안 돼! 생각을 해봐. 10분? 10분 안에 어떻게 결정해서 누가, 언제, 어떻게, 어디로 대피시키냐? 야, 그리고 이런 걸 우리가 결정할 수 있냐? 청장님께 보고를 해야 할 거 아냐? 내가 청장님께 가서 지금 즉시 지하철을 세워야 합니다, 얘기를 하겠지……."

대사 분량이 많기 때문에 녹화가 끝나면 유난히 지쳐 보이는 개그맨 김원효 씨. 그는 그 긴 대사를 어떻게 외울까? 그가 대본 연습을 하는 과정을 지켜보았다.

소란한 연습실 한쪽에서 대본 연습에 여념이 없다. 그가 매주 기억해야 하는 대사는 원고지 15장 분량. 비슷한 발음의 말장난이 많아 기억하기가 쉽지 않다. 게다가 대사는 녹화가 있는 수요일 오전까지도 계속 바뀐다. 더 좋은 코너를 만들기 위해 수정에 수정을 거듭한다. 김원효 씨는 일부러 사람이 많고 시끌시끌한 연습실에서 대사를 외운다. 실제로 서는 무대도 주변이 시끄럽기 때문에 최대한 비슷한 분위기에서 대사를 암기해 실전 무대에 적응하도록 하는 것이다. 이 역시 나름의 기억하기의 노하우다. 최대한 현장에서 연기하는 것과 똑같이 연습해야 나중에 그게 다 살아나기 때문이다. 그는 끊임없이 움직이고 표정을 살려 실제 연기처럼 대본 연습을 했다.

김원효 씨가 생각하는 기억 잘하는 비법은 뭘까?

"제 생각에 기억을 잘하는 방법은 연기입니다. 감정을 가지고 행동과 함께 기억하면 기억이 잘돼요. 상황을 머릿속에서만 생각하는 것보다 실제 무대에서처럼 표정과 동작을 같이 해주면 더 잘 기억됩니다."

대사를 암기할 때 촬영할 때처럼 똑같이 연기하며 외운다는 연기자는 많다. 사극에 출연하는 연기자들 대부분이 대사가 많아서 애를 먹는다. 대사 분량도 많지만, 사극 대본에는 지금은 쓰지 않는 고어를 쓰는 경우가 많기 때문에 외우기가 더 까다롭다고 한다. 그래도 채시라 씨나 이미연 씨, 최수종 씨 등은 어려운 대사를 토씨 하나 틀리지 않고 외우는 것으로 유명하다. 그들이 말하는 대사 외우기 비법도 바로 '연기'이다. 등장인물에 감정을 이입해서 행동과 함께 하면 대사는 저절로 외워진다는 것이다.

대사가 생각나지 않을 때 손동작으로 기억을 일깨운다는 사람이 또 있다. 10년 전 '수다맨'으로 화제를 모았던 개그맨 강성범 씨. 그는 많은 대사를 숨도 안 쉬고 속사포처럼 쏟아내는 개그로 큰 인기를 끌었다. 수다맨은 엄청난 분량의 대사를 암기하는 캐릭터로 사람들의 웃음과 감탄을 자아냈다.

수다맨 강성범 씨는 지하철 노선도를 외우고 도시 이름, 국가 이름, 동물 이름 등을 줄줄 빠르게 읊어댄다. 많은 분량의 대사를 외우기 위해 안 해본 방법이 없다는 그가 터득한 비법 중 하나는 행동과 함께 기억하는 것이다. 강성범 씨가 동물 이름을 외우는 과정을 관찰했다.

"꾀 많은 여우, 능글능글 너구리, 사랑스런 사슴, 가시 많은 고슴도치를 비롯해서 야옹야옹 고양이, 뭐라고라 고라니, 잠깐 날다 마는 날다람쥐. 그게 다가 아니지. 푸덜덜 당나귀, 스멀스멀 도마뱀, 딸랑딸랑 방울뱀에다 반달곰, 돼지, 물개……."

강성범 씨는 동물 이름을 댈 때마다 그에 맞게 손동작을 한다. 손으로 날아가는 시늉을 하기도 하고 딸랑딸랑하며 손은 흔들기도 한다. 리듬을 타며 손동작과 표정이 계속 바뀐다.

"대사와 손동작을 같이 외웁니다. 계속 반복하면 대사는 잊더라도 동작은 이어지거든요. 동작이 나오면 그에 대응되는 대사가 같이 따라 나오는 경우가 많더라고요."

강성범 씨는 대사를 하면서 끊임없이 몸을 움직인다. 손동작뿐 아니라 시선, 몸의 방향, 표정이 계속 바뀐다. 그 하나하나의 동작이 나중에 기억을 불러일으키는 계기가 된다.

기억할 때뿐 아니라 뭔가 기억이 나지 않을 때 방 안을 왔다 갔다 하며 기억을 불러오려고 애쓴 경험이 누구나 있을 것이다. 누가 알려주지 않아도 몸을 움직이면 기억이 깨어난다는 것을 경험으로 알게 된 것이다. 몸을 움직이면 두뇌에 산소 공급이 원활해져서 두뇌 활동이 활발해지기 때문이다. 아이디어가 떠오르지 않을 때는 가만히 앉아서 머리를 짜내는 것보다 방 안에서 왔다 갔다 움직이거나 산책을 나가는 것이 좋다. 몸을 움직이면 두뇌가 자극되므로 걷다보면 좋은 생각이 떠오를 수도 있다.

이스라엘에는 '눈으로 본 것은 경험이라고 할 수 없지만 입으로 말한 것은 나만의 경험이 된다', '몸을 움직이면 정신이 더 잘 기억한다'는 격언이 있다. 이스라엘이나 유대인이 모여 사는 곳에는 '예시바Yeshiva'라는 곳이 있다. 예시바는 유대인의 전통적인 학습 기관이자 도서관 같은 역할을 하는데, 이곳에 들어서면 학생들이 중얼중얼 소리를 내고 몸을 흔들며 글을 읽는 모습을 볼 수 있다. 유대인은 몸을 움직이며 글 읽는 것을 당연하게 여긴다. 더욱이 그들은 앉지 않고 서서 공부한다. 일어서 있는 것이 완전히 깨어 있는 것이고 앉아 있는 것보다 활동적이기 때문이다.

기억 천재인 유대인 에란 카츠도 이야기할 때 손을 아주 많이 움직였다.

"저는 유대인입니다. 저는 손을 움직이며 이야기하는 걸 좋아하는데요, 몸의 움직임이 뇌의 혈류를 활발하게 만들기 때문입니다. 저는 학생들에게 시험공부를 할 때 마지막 점검은 걸으면서 하라고 합니다. 몸을 움직이면 절반의 시간으로 두 배의 양을 기억할 수 있습니다."

아인슈타인이 상대성이론을 착안한 것도 걷는 도중이었다고 한다. 아인슈타인의 자서전에 따르면 그는 하루 종일 걸으며 생각했으며 그 가운데 많은 위대한 이론들을 창안해냈다. 빅토르 위고도 걸작《레미제라블》을 서서 썼다고 전해진다.

《사자소학》을 외우는 암송의 힘

몸을 움직이며 책을 읽는 모습은 우리에게 낯설지 않은 풍경이다. 옛날 선비들은 글을 읽을 때 자연스럽게 몸을 움직여 리듬을 타며 내용을 기억했다. 천천히 몸을 흔들며 외울 내용에 운율을 붙여 리드미컬하게 외우는 것이다. 지금도 이런 방법으로 한자 공부를 하는 서당이 있다. 충남 논산에 있는 '양지서당.' 큰 훈장님인 유복엽 씨와 그의 자녀인 작은 훈장님들이 아이들에게 한학을 가르치고 있다. 서당에서 공부하는 아이들은 100명 정도로 한 반에 약 30명씩 총 4개 반이 운영되고 있다. 한학을 배우는 아이들의 연령대는 7세부터 고등학생에 이르기까지 다양하다. 학생들은 방학을 이용해 서당에 한 달씩 머무르기도 하고 주말에 2박 3일간 체험학습을 하기도 한다.

아이들이 주로 배우는 것은《사자소학》으로 우리가 찾아갔을 때는 총학이 진행 중이었다. 총학이란 3~4주 동안 서당에서 공부한《사자소학》을 아이들이 각자 외운 분량만큼 암송하는 것이다. 한 명씩 이름을 부르면 앞으로 나와 훈장님께 예의를 갖춘 뒤 무릎을 꿇고 앉아 암송을 시작한다. 우선 배운 분량의 한자음을 처음부터 끝까지 읽고 그다음에 읽은 부분의 뜻을 말한다. 일종의 테스트다.

父生我身(부생아신)하시고: 아버지는 내 몸을 낳으시고

母鞠吳身(모국오신)이로다: 어머니는 내 몸을 기르셨네

腹以懷我(복이회아)하시고: 배로 나를 품어주시고

乳以哺我(유이포아)하시며: 젖으로 나를 먹여주시며

以衣溫我(이의온아)하시고: 옷으로 나를 따뜻하게 하시고

以食飽我(이식포아)하시니: 밥으로 나를 배부르게 하시니

恩高如天(은고여천)하시고: 은혜는 높기가 하늘과 같고

德厚似地(덕후사지)로다: 덕은 두텁기가 땅과 같구나

爲人子者(위인자자)가: 사람의 자식 된 자가

曷不爲孝(갈불위효)리오: 어찌 효도를 하지 않을 수 있겠는가

欲報其德(욕보기덕)이나: 그 은덕을 갚고자 하나

昊天罔極(호천망극)이로다: 넓은 하늘과 같아 다할 수가 없구나

중간 중간 잊어버리고 더듬기도 했지만 총학에 참여한 아이들은 모두 배운 분량만큼의 암송을 훌륭하게 해냈다. 아이들은 낯선 한자를 어떻게 줄줄 외우게 됐을까? 의외로 아이들은 그것이 별로 어렵지 않았다고 했다.

"그냥 여러 번 외우는 것 말고는 특별한 방법이 없어요. 100번씩 읽고 잊어버리면 또 읽고. 그냥 훈장님이 가르쳐주신 대로 따라하고

또 까먹으면 또 물어보고, 또 까먹으면 또 물어보고…… 계속 반복하는 게 다인 것 같아요. 수업 시간에도 계속 반복해서 외우지만 놀면서도 외워요. 물놀이하면서도 중얼중얼 외우고 애들하고 놀면서도 외우고……."

초등학교 고학년 아이들뿐 아니라 아직 어린아이 티를 벗지 못한 저학년 아이들도 《사자소학》을 외우고 있었다. 더욱이 몇 달씩 걸리는 것도 아니고 2~3주면 다 외우게 된다고 한다.

아이들이 《사자소학》을 외우는 것도 대단하지만 훈장님들의 암기 실력 또한 만만치 않았다. 보통 한학을 하는 사람들은 《사서삼경》을 기본으로 외운다고 한다. 이곳의 훈장님들도 아이들이 배우는 《사자소학》과 《명심보감》의 〈계선편〉, 《대학》, 《중용》, 《논어》, 《맹자》는 대부분 암송할 수 있다고 한다.

한자를 외우는 특별한 방법이 있는 것은 아닐까? 훈장님이 밝히는 암기의 핵심은 바로 '반복'이다.

"먼저 뜻을 이해해야지요. 그 글귀가 좋으니까 자꾸 되새김질하고, 그러다 보면 저절로 기억에 남게 됩니다. 하루에 한 시간 정도라도 한 번 읽고 또 반복해서 읽으면 외울 수 있지요. 한꺼번에 외울 욕심을 내지 말고 부분이라도 정확히 외우면 어느 순간에 전체가 다 머릿속에서 연결되는 순간이 옵니다. 한자는 깊이 있게 이해하면 옛이야기를 듣는 것처럼 재미있거든요. 재미있으면 잘 기억하게 됩니다. 그 뜻을 알고 계속 읽으면 한자 공부의 맛이 나지요. 그

맛을 느끼면 나중에 그만하라 해도 본인이 좋아서 절대 그만두지 않습니다."

아이들이 한자를 외우는 모습, 총학을 하는 모습을 보면 혼자 속으로 외우는 경우는 없다. 모두 소리 내어 암송하는데, 암송에는 운율이 있고 그에 따라 저마다 조금씩 몸을 흔들었다. 우리가 사극에서 익히 보아온 모습 그대로다. 글을 읽을 때 소리 내어 읽는 것, 운율을 넣는 것, 몸을 흔드는 것 등 별 의미 없는 습관이라고 보기에는 많은 사람들이 그 방법을 사용하고 있다. 특별히 가르치는 것이 아닌데도 암송할 때는 누구나 운율을 넣고 몸을 흔든다. 초등학교 교실에서 아이들이 구구단 외우는 모습을 떠올려 봐도 마찬가지다. 구구단 외우는 소리와 천자문 외우는 소리, 종교 경전을 외우는 소리에는 일정한 운율이 있다.

양지서당 훈장님은 운율을 넣어 암송하는 것에 대해 다음과 같이 설명한다.

"암송은 자기 눈으로 보고 그것을 소리 내어 읽고 또 자기 소리를 자기 귀로 듣고 거기에 맞춰 몸을 움직이는 것입니다. 온갖 감각을 동원해 집중해서 하는 암기법이라서 다른 학습법보다 훨씬 효과가 좋습니다. 또 하나 좋은 점은 글을 그냥 읽으면 아무래도 밋밋하고 재미도 없는데, 운율을 넣어 소리 내어 읽으면 재미도 있고 외우기도 쉽다는 것입니다. 노랫말을 그냥 외우면 잘 안 외워지지만 음을 붙여 노래 부르며 외우면 훨씬 잘 외워지잖아요. 그것과 같은 원리입니다. 글 읽는 소리는 어떤 음악보다 부드럽고 차원이 높은 음악입니다. 좋은 글을 소리 내서 읽으면 심성도 좋아지고 정신도 맑아집니다. 옆 사람의 글 읽는 소리를 들으면 자신도 수업 분위기에 동화되고 집중할 수 있게 됩니다."

양지서당에서는 아이들이 《사자소학》을 외울 때 운율에 맞춰 암송하는 것이 효과가 아주 크다고 말한다.

암송은 청각 자극이 더해진다는 점에서 다른 암기와 다르다. 청각 자극 역시 외부 자극의 일종이기 때문에 적극적으로 활용하면 두뇌 활동에 도움을 준다. 시각 자극 하나만 들어오는 것보다는 시각과 청각이 동시에 복합 자극으로 머릿속에 들어오면 뇌는 더 많은 부호화를 이룰 수 있다. 다양한 종류의 감각 자극이 많이 들어올수록 정보는 전혀 다른 경로를 통해 뇌에 강하게 각인된다.

중얼중얼하는 낮은 소리, 일정하고 반복적인 운율을 지닌 소리는 알파파를 유발한다. 알파파란 편안하고 집중하기 좋은 상태에서 나오는 뇌파다. 완벽히 조용한 환경보다는 일정한 소리가 계속 들리는 것이 집중하는 데 더 도움이 된다.

아기에게 불러주는 자장가도 이와 같은 원리다. 중얼중얼 부드러운 낮은 음이 아이를 더 편안하게 해준다. 공부에 도움을 주는 소리라며 백색소음을 들려주는 제품이 잘 팔리는 이유도 청각 자극이 집중하는 데 도움을 주기 때문이다.

우리는 예전부터 머리가 좋고 똑똑한 사람을 가리켜 '총명하다'

고 표현해왔다. 두뇌가 우수하다는 표현인 총명聰明은 '귀 밝을 총'에 '눈 밝을 명'을 쓴다. 그만큼 두뇌 활성화에 듣는 과정을 중시했음을 엿볼 수 있다.

그런데 아이들은 암송으로 배우는 한자 학습을 어떻게 생각할까? 외울 것이 많으니 지겨워하지는 않을까? 또 요즘처럼 창의력이 중시되는 시대에 과연 암송 교육이 효과가 있을까?

한자 학습을 접한 아이들의 반응은 긍정적이었다. 우선 성적이 많이 올랐다는 것이다. 우리말에는 한자가 70~80퍼센트 정도 섞여 있기 때문에 한자를 배우면 낱말 뜻에 대한 이해도가 높아진다. 한자 학습을 하면 낱말 뜻을 일일이 찾아보지 않아도 어려운 책을 척척 읽어낼 수 있으니 당연히 공부에 큰 도움이 된다. 아울러 말과 글을 이해하는 수준이 높아지면 생각의 틀도 넓어진다.

또한 한자 암송을 하면 암기 자체에 익숙해져서 학교에서 배우는 다른 과목의 내용을 암기할 때도 훨씬 수월해진다. 암기에 대한 거부감이 줄고 자신감이 붙는다. 학습에서 암기를 빼놓을 수 없으니 만큼 학교 성적 향상에도 큰 도움이 된다.

능동적 경험으로 기억해라

정서와 행동이 기억력을 높이는 작용을 한다는 것을 밝힌 노이스 교수 부부는 암기력 향상의 배경에 '능동적 경험'이라는 과정이 작용한다는 사실도 밝혀냈다. 능동적 경험이란 다른 사람에게 어떤 의미를 전달하기 위해 신체적 · 정신적 · 감정적 채널을 모두 동원하는 과정을 뜻한다. 이는 무대 위나 카메라 앞에서만 활용되는 것은 아니다.

혼자 공부하는 경우와 공부한 내용을 청중 앞에서 강연하는 경우를 비교해보자. 준비한 내용을 자신의 목소리와 몸짓으로 강연하고 청중들의 반응을 느끼는 과정을 거치면 그 내용은 머릿속에 더 강하게 새겨진다. 공부하는 학생들도 흔히 이런 경험을 한다. 친구에게 뭔가를 가르쳐줄 경우 본인도 그 내용을 오래도록 기억하게 된다.

또한 어떤 특별한 경험과 활동을 통하면 암기가 더 쉽다. 암기할 내용을 노래로 만들어 함께 불렀던 경험은 오래도록 잊히지 않는다. 유치원 때 했던 영어 연극 대사를 어른이 되어서까지 기억하는 사람도 있다. 이것은 모두 기억이 능동적 경험을 통해 각인되었기 때문이다.

기억에는 '의미 기억'과 '에피소드 기억'이 있다. 지식으로 배워서 아는 내용이 의미 기억이고 추억이나 경험과 관계된 기억이 에피소드 기억이다. 에피소드 기억이 더 기억하기 쉽고 오래간다. 정서가 깃들어 있기 때문이다. 따라서 의미 기억을 에피소드 기억으로 바꾸면 기억이 더 오래간다고 할 수 있다. 영어 문장을 그냥 외우는 것은 의미 기억이지만, 그 문장으로 영어 연극을 했다면 그것이 에피소드 기억으로 전환된다.

예시바에서도 이와 유사한 공부법을 쓴다. 예시바의 학생들은 자리에서 일어나 다른 학생들과 논쟁을 벌인다. 책의 내용에 대해 논쟁을 벌이고 교사에게 질문도 한다. 공부가 지루해지고 암기가 어려우면 논쟁을 위한 논쟁, 질문을 위한 질문을 하기도 한다. 역할극을 하는 것과 마찬가지다. 책에 있는 내용을 수동적으로 받아들이지 않고 능동적인 경험으로 전환하는 것이다. 논쟁은 무엇보다 강한 경험이기 때문이다.

노이스 교수 부부의 연구 결과, 누구에게 의미를 전하는 과정을 상상하며 공부한 학생은 기계적으로 외우는 학생보다 더 뛰어난 기억력을 보이는 것으로 나타났다. 자신이 공부한 내용을 다른 사람에게 설명하는 상상만으로도 기억력이 향상된다는 것이다.

능동적 경험은 나이가 들면서 뇌가 노화돼 인지능력이 떨어지는 것을 막는 데도 도움이 된다. 연기 공부를 한 노인 그룹은 그렇지 않은 그룹에 비해 단어를 기억하거나 문제를 해결하는 능력이 크게 향상됐다.

우리 머릿속의 지식은 그저 뇌 속에 머물러 있는 정적인 존재가 아니라 주변 환경과 상호작용하는 가운데 생겨나고 존재하며 발전한다. 따라서 지식을 배우거나 기억하는 과정은 단지 머리에만 국한되지 않고 몸을 움직이는 활동을 통할 때 더욱 효과적이다.

우리의 감각기관을 통해 들어온 자극은 전기적 신호로 변해 뇌로 전달된다. 유입된 정보가 많을수록 자극은 강해지고 신호도 강해진다. 한 가지 정보를 둘러싼 자극이 많을수록 신호는 다양한 채널을 통해 들어온다. 정서는 편도를 자극하고 편도로 유입된 정보는 전두엽, 두정엽, 측두엽, 편도체 등을 활성화시켜 해마를 강하게 자극함으로써 기억은 더 강화된다.

3장

기억고수가 공개하는 특별한 비밀3

5분의 힘이 퀴즈 영웅을 만든다

KBS 퀴즈 프로그램인 〈퀴즈 대한민국〉. 이 프로그램에서 '퀴즈 영웅'의 자리에 오르기는 쉬운 일이 아니다. 마지막 문제까지 맞히는 퀴즈 영웅은 몇 개월에 한 번 나올까 말까 한다. 그런데 중졸의 트럭 운전기사가 명문대 학생을 비롯한 쟁쟁한 실력자들을 물리치고 퀴즈 영웅의 자리에 올라 화제가 된 바 있다.

44대 퀴즈 영웅 임성모 씨. 그는 〈퀴즈 대한민국〉에 세 번 도전한 끝에 열 달 만에 탄생한 퀴즈 영웅이 됐다. 가난한 집안 환경 속에서 동생 넷을 공부시키기 위해 일찍 학업을 포기해야 했던 그는 공부에 대한 미련으로 항상 퀴즈 프로그램을 챙겨 보는 한편, 신문이나 잡지 등 각종 자료를 발췌해 노트에 정리해가며 공부했다.

임성모 씨가 퀴즈 대회를 준비한 기간은 5년이지만 생계를 꾸리

느라 따로 공부할 시간을 낼 수는 없었다. 그래서 그는 일상 속에서 공부하는 방법을 택했다. 하루에도 열 시간 넘게 운전하며 전국 방방곡곡을 돌아야 하는 고된 트럭 운전 일을 하면서도 그는 신호 대기 시간, 잠깐의 휴식 시간 등 짬나는 대로 노트에 정리한 내용을 반복해서 외우며 퀴즈 달인의 꿈을 키웠다.

퀴즈의 달인이 되기 위해 외워야 할 것들은 무궁무진하다. 임성모 씨는 메모지에 기억해야 할 것을 자기 필체로 정리해 언제든 볼 수 있도록 집 안 및 트럭 곳곳에 붙여두었다. 공부가 일상에 스며들도록 한 것이다.

"처음에는 이걸 다 외워야 한다 생각하니 사실 엄두가 안 났어요. 근데 해보니 외우는 방법이 있더라고요. 복잡한 것을 한 번에 몇 시간씩 뚫어져라 집중해서 공부하면 오히려 머리만 아프고 힘만 들어요. 그러니까 짧게 자주 보는 겁니다. 화장실 가는 시간, 식당에서 밥 나오기를 기다리는 시간 등 불과 몇 분밖에 안 되는 자투리 시간에 보는 거죠. 외우려고 생각하지 않고 그냥 읽었어요. 잠자기 전에도 외운다 생각 안 하고 그냥 한 번 읽어요. 외운다고 생각하면 머리가 복잡해지니까 그냥 아무 생각 없이 읽습니다. 한 번 읽는 데 5~10분 정도밖에 안 걸리거든요. 그걸 반복했죠. 적어도 2~3개월 정도 꾸준히 아침에 한 번 보고, 밥 먹기 전에 한 번 보고, 잠자기 전에 한 번 봤어요. 그래봤자 한 번 보는데 5분 정도 걸리거든요. 이렇게 자투리 시간을 활용해서 해보니 어느 순간 암기가 되는 겁니다.

누구든지 할 수 있는 일이에요."

임성모 씨에게는 책상이 별 의미가 없다. 그에게 모든 장소, 매 순간이 공부방이고 공부 시간이기 때문이다. 하루 종일 공부하는 셈이지만, 그것은 따로 공부할 시간을 낼 수 없어서 선택한 방법이었다.

"제가 5년 이상 퀴즈 대회를 준비했는데요. 아침 여섯시에 나가서 저녁 여덟시 정도에 들어오는데, 제가 하는 일이 사실 아주 힘들어요. 가만히 앉아서 운전만 하는 게 아니고 화물차 기사니까 물건을 싣고 내리는 일도 해야 합니다. 거의 막노동이나 다름없습니다. 집에 돌아오면 아주 녹초가 돼요. 욕심 같아선 새벽 두세 시까지 공부하면 좋겠지만, 잠이 부족해서 운전하다 사고라도 나면 어떡합니까? 그러니까 공부를 하고 싶어도 못 하는 거죠."

임성모 씨는 공부할 자료를 뽑아 어디든 들고 다니며 눈에 띄는 곳이면 어디든 붙여놓는다. 심지어 트럭 계기판 앞에도 내용이 빽빽이 적힌 노트가 놓여 있다. 신호 대기에 걸리는 불과 몇 초의 시간도 아껴서 공부를 하는 것이다.

또한 그는 메모를 눈으로만 보지 않는다. 허공에 손가락으로 쉼 없이 글씨를 쓰면서 입으로 중얼거리며 직접 정리한 내용을 암기한다. 눈으로 보면서 소리 내어 읽기, 자기가 읽는 소리를 듣기, 그리고 손으로 쓰기 등 네 가지 감각을 사용한다. 그러면 단순히 눈으로만 보는 것보다 훨씬 효율적이다. 워낙 없는 시간을 쪼개 쓰기 때문에 공부하는 시간은 최대한 활용하려고 노력한다.

"지하철을 타고 갈 때도 중얼중얼하며 공부하죠. 큰 소리를 내면 다른 사람들한테 방해가 되니까 작은 소리로 중얼중얼하며 가요. 또 공책이 없으면 허공에 대고 글씨를 써요. 이상하게 쳐다보는 사람들도 있지만 어쩔 수 없죠."

임성모 씨에게는 자신만의 기억법도 있다. 따로 배운 게 아니라 많은 것을 공부하고 기억하려고 노력하면서 스스로 정보를 부호화하는 방법을 터득했다.

"여간해서 외워지지 않는 것들은 외우는 방법이 따로 있어요. 국제 뉴스를 보면 수니파와 시아파가 서로 반목하고 싸운다는 기사가 종종 나옵니다. 시아파는 회교도의 일파로 10퍼센트 정도의 소수파입니다. 수니파가 다수고요. 처음에는 시아파가 다수인지 수니파가 다수인지 헷갈렸어요. 그러다 이렇게 외웠죠. 수가 많은 게 수니파. 이렇게 외우니까 헷갈리지 않던데요."

그가 쓰는 이 방법은 연상법이다. 비슷한 글자로 연상하는 것이다. 연상법은 단순하고 쉬우면서도 한 번 기억하면 절대 잊어버리지 않는다는 장점이 있다.

"르네상스 시대의 화가들 있잖아요. 미켈란젤로가 있고 레오나르도 다빈치가 있고요. 그 사람들이 그린 그림 중에 〈최후의 만찬〉이 있고 〈최후의 심판〉이 있는데, 저는 이게 제목도 비슷하고 똑같이 다섯 글자이고 해서 어느 게 누구 그림인지 헷갈리더라고요. 그래서 이렇게 연상했죠. 레오나르도 다빈치는 마지막 글자에 'ㅊ'이 들어가죠. 〈최후의 만찬〉도 마지막 글자에 'ㅊ'이 있죠. 그러니까 다빈치 그림이 〈최후의 만찬〉, 미켈란젤로가 〈최후의 심판〉. 이렇게 외우는 겁니다."

어떤 것을 비슷한 사물이나 글자로 연상하거나 특정 단어를 연관시켜 기억하면 그 기억은 시간이 오래 지나도 헷갈리지 않고 남아 있다.

임성모 씨는 누구에게 이런 방법을 배운 것이 아니다. 끊임없이 노력하고 훈련한 결과 자기 나름의 기억법을 가지게 된 것이다. 그는 기억해야 할 많은 지식을 직접 써서 곳곳에 붙여두고 눈과 입, 손으로 익혀 자신의 것으로 만들었다. 물론 틈틈이 반복하는 것은 기본이다.

퀴즈 대회가 끝난 후에도 퀴즈 영웅의 지식이 남아 있을까? 임성모 씨를 찾아가 각 나라의 수도 맞히기 테스트를 실시했다. 평소 쉽게 들어보지 못한 리히텐슈타인, 마케도니아, 슬로베니아, 벨로루시 등 난이도가 높은 국가를 주로 제시했음에도 160개국의 수도 중 정확히 맞힌 것이 158개나 되었다. 역시 녹슬지 않은 실력을 보여주었다. 그의 기억은 여전히 머릿속에 튼튼하게 자리 잡고 있다. 그가 선택한 반복학습법은 단순히 기억력을 높이는 것뿐 아니라 기억을 오래 머무르게 하는 데 탁월한 효과가 있다.

10년 세월이 만든 기억의 달인

울산 석유화학 단지에 있는 한 정유 공장에서 공구 이름 기억의 달인이라 불리는 이재한 씨를 만났다. 한 공장에서 공구 구매를 담당해온 그는 1,500개가 넘는 공구 이름을 기억하고 있는 비상한 기억력의 소유자다. 전문가로서 당연한 것 아니냐고 할 수도 있지만 사실 쉽지 않은 일이다. 일상에서 흔히 쓰는 공구라 해도 공구의 정식 영문 명칭은 다르기 때문이다.

우리가 흔히 펜치라고 알고 있는 공구의 정식 영문 명칭은 '플라이어즈 사이드 커터Pliers Side Cutter'다. 곡괭이의 정식 명칭도 '픽스 더블 포인트Picks Double Points'이며 스패너로 알고 있는 공구의 정식 명칭도 '컨스트럭셔널 오픈 렌치Constructional Open Wrench'다. 명칭 자체가 긴 데다 평소 쓰던 용어가 아니어서 외우기가 쉽지 않다. 더욱이 공구의 종류도 어마어마하게 많다. 이재한 씨는 공구 발주 업무를 맡고 있기 때문에 이 영문 명칭을 정확히 기억해야 한다.

그가 기억하는 공구의 종류는 정유 공장에서 사용하는 특수 공구부터 일상생활에서 쓰는 낯익은 공구까지 매우 다양하다. 아무리 이 분야 전문가라 해도 정식 영문 명칭을 모두 암기하는 것은 쉽지 않은 일이다. 실제로 이재한 씨와 같은 공장에서 20년 이상 근무한 사람들도 그의 암기 실력에는 혀를 내두른다. 기계팀에 근무하면서 늘 공구를 쓰는 사람들도 공구의 정식 명칭을 기억하지는 못한다.

현장에서는 공구 명칭을 약어로 쓰기 때문이다.

이재한 씨가 정말 1,500개나 되는 공구들의 정식 명칭을 정확히 기억하고 있는지 테스트를 해보기로 했다. 이를 위해 공구 240개를 골라 공터에 늘어놓은 다음, 그에게 정식 명칭이 적힌 카드를 주었다. 그가 들고 있는 카드 중에서 실제 공구와 일치하는 240장을 골라내야 했다. 난이도를 높이기 위해 비슷한 모양의 공구를 배치했으며 명칭뿐 아니라 사이즈까지 완벽히 일치시키는지를 확인했다. 사이즈가 다르면 공구 명칭도 조금씩 달라지기 때문이다.

테스트에 걸린 시간은 세 시간 정도였고, 결과 확인은 한국폴리텍대 컴퓨터응용기계과 배만기 교수에게 도움을 받았다. 전문 서적과 공구를 일일이 대조해가며 확인한 결과, 이재한 씨는 공구 240개 가운데 237개를 정확히 맞혔다. 겉으로 봐서는 미세한 차이만 있거나 크기만 다를 뿐인 공구들의 명칭을 명확히 구별해낸 것이다. 같은 테스트에서 그의 동료는 불과 27개만 맞혔다. 그의 남다른 기억력은 어디에서 온 것일까?

"기억력이 남다른 것은 아니고요, 회사 업무라서 꼭 필요하니까 외우게 된 거죠. 제가 십몇 년 동안 공구 구매 기록서를 작성했는데, 공구 명칭이 머릿속에 들어 있지 않으면 일하기가 힘들겠더라고요. 명칭이 머릿속에 있어야 시간도 절약되고 업무 능률도 오르고요."

그에게 공구 명칭을 꼭 기억해야 하는 이유가 확실했다는 점이

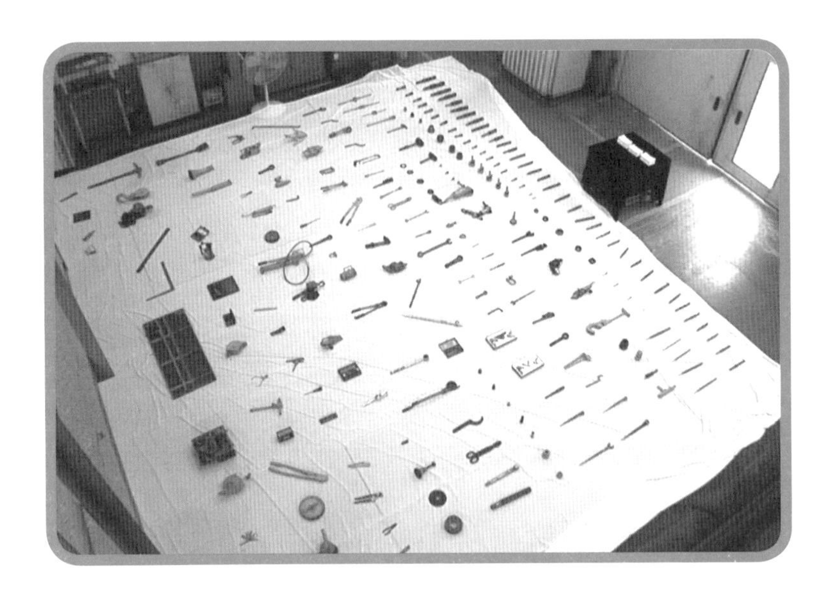

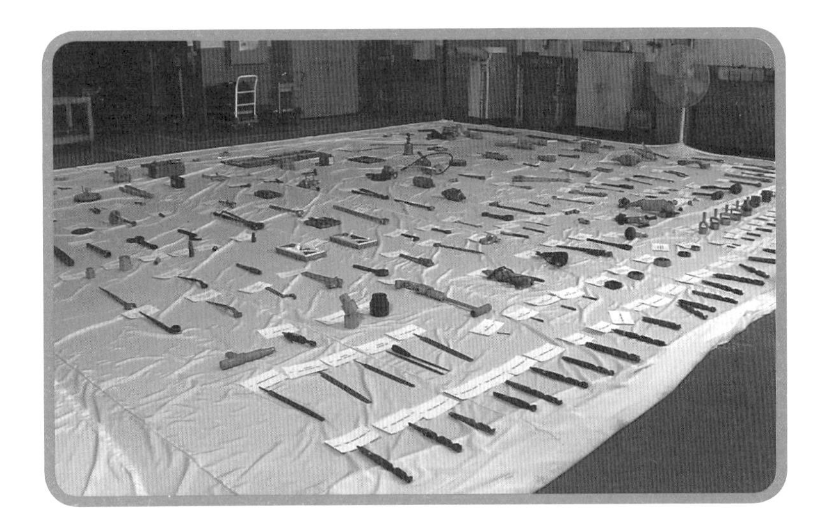

공구실의 공구를 기억하는지 확인하기 위한 테스트에서 이재한 씨는 명칭을 정확하게 구별해냈다.

남다른 기억력의 배경이 되었을 것이다. 그가 처음 공구 발주 업무를 맡았을 때는 일에 체계가 잡혀 있지 않았고 물어볼 선배도 없었다. 모든 것을 스스로 알아서 해야 했기 때문에 외국 서적들과 다른 책들에 그려진 그림을 보면서 같은 모양의 공구를 일일이 대조했다. 공구 명칭이 현장에서 쓰는 것과 달라서 하나하나 외워야만 했다.

공구 발주 업무를 맡고부터 그 분야의 일인자가 되고 싶었다는 이재한 씨는 실제로 그렇게 되기까지 10년이라는 세월이 걸렸다. 그는 10년 동안 끊임없이 공부했고 틈날 때마다 공구의 그림과 실물을 보며 공구 명칭을 반복해서 암기했다. 그러는 동안 그것은 그의 머릿속에 장기 기억으로 저장됐다.

기억력이 뛰어난 사람들은 누구나 그렇듯 나름대로 터득한 기억법이 있다. 이재한 씨는 명칭으로 그림을 연상하는 연상기억법을 사용했다.

"곡괭이의 정식 영문 명칭은 픽스 더블 포인트입니다. 픽스는 곡괭이를 뜻하고 더블 포인트니까 양쪽에 점이 있는 그림을 떠올립니다. 곡괭이는 곡괭이인데 양쪽에 포인트가 있는 곡괭이는 어떤 걸까, 머릿속에 그려보면 손잡이가 있고 T 자형으로 생긴 곡괭이 모양이 떠오릅니다. 그렇게 연관을 지어 생각하는 것입니다."

공구 명칭은 공구의 쓰임새와 생김새에 따라 지어졌기 때문에 이 연상기억법은 매우 유용하다. 처음 것 하나를 알면 다른 것들이

이재한 씨와 곡괭이 이미지.

술술 딸려 나온다.

현장에서 흔히 쓰는 멍키스패너를 예로 들어보자. 정식 명칭은 렌치 어저스트블이다. 렌치는 '비틀다'라는 뜻으로, 너트를 풀 때나 조일 때 손을 비틀어서 쓰도록 한 공구의 이름에는 다 렌치가 붙어 있다. '멍키'로 불리는 공구를 보면 너트를 꽉 조일 수 있도록 너트에 맞게 공구의 입 크기를 조정할 수 있다. '조정하다'는 영어로 어저스트, 입 크기를 조정할 수 있는 렌치라 해서 렌치 어저스트블이다. 모양에 따라 동그란 건 박스, 벌어져 있는 건 오픈이다. 말 그대로 양쪽이 동그란 모양이면 앤드 박스, 끝이 벌어져 있으면 앤드 오픈이다. 이런 식으로 공구 명칭에 담긴 뜻을 알고 그 모양을 상상해보면 정확히 어떤 공구인지 골라낼 수 있다.

이재한 씨는 공구 명칭 암기의 기본 원리를 터득한 뒤, 끊임없이 반복학습을 해서 자신의 기억으로 만들었다. 10년 이상 매일같이 반복적으로 학습한 것이다. 예전에는 구매 장부를 수기로 했기 때문에 여러 번 반복해 쓰면서 저절로 외워진 것들도 많다고 한다.

한번 외운 공구 명칭을 어떻게 하면 잊지 않을 수 있을까?

"자주 접하면 안 잊어버리죠. 친구도 오래전에 만나고 안 만나면 얼굴도 이름도 잊어버리지만, 자주 만나는 친구는 잊어버릴 수가 없잖아요. 마찬가지로 공구도 자꾸 만져보고 활용하면 기억을 못 할 수가 없죠."

테스트를 도왔던 배만기 교수도 그의 노력을 인정했다.

"이재한 씨는 자기가 맡은 업무에 대해 많은 관심을 가지고 노력하시는 것 같아요. 자신에게 주어진 업무라도 개인적으로 노력하지 않으면 이 정도 경지까지 오르기 힘들죠. 꾸준하게 열심히 노력했기 때문에 지금의 능력을 가지게 된 겁니다."

퀴즈의 달인인 임성모 씨와 마찬가지로 공구 명칭 외우기의 달인인 이재한 씨도 기억하기 위해서 반복학습을 잊지 않았다.

반복은 가장 강력한 기억의 도구다

기억은 그대로 방치하면 마치 건전지가 방전되듯 저장량이 서서히 줄어든다. 따라서 중간에 여러 번 기억을 재생시키는 작업을 통해 충전시켜야 한다. 반복은 기억력을 높이는 강력한 무기다.

반복하는 게 왜 효과가 있을까? 우리의 뇌는 태어날 때부터 통계에 민감하다. 아기는 자주 마주치는 엄마의 얼굴을 가장 먼저 기억한다. 자주 마주치는 것은 중요한 것으로 여겨 기억하지만 그렇지 않는 것은 잊어버린다.

운동하는 사람들은 팔에 근육을 만들고 싶을 때 아령 운동을 반복한다. 여러 번 반복하면 있던 근육은 커지고 없던 근육은 생긴다. 이와 마찬가지로 알고 있는 내용이라도 계속 반복해주어야 완전히 자신의 기억으로 저장된다.

개그맨 강성범 씨는 아직도 습관처럼 지하철 노선도를 외운다고 한다. 그는 지하철 노선도를 4호선까지 외우는데, 한 달에 한 번 정도 혹시 잊지는 않았는지 되뇌어본다. 오랜 시간과 노력을 들일 것 없이 2분 정도만 투자하면 점검해볼 수 있다.

기억력의 거인으로《기네스북》에 올라 있는 에란 카츠도 장기 기억의 핵심에 반복이 있다고 말한다. 그 역시 어떤 것을 기억하려 할 때는 몇 번이고 반복한다고 한다. 아이들에게《사자소학》을 암송하게 하는 양지서당에서도 반복이 기본이다.

반복은 왜 기억을 강화할까? 주기적으로 반복해서 뇌를 자극하면 기억을 담당하는 해마에서 신경세포들이 연결되는 시냅스 부위가 강화된다. 반복학습을 하려면 머릿속에 이미 저장된 정보를 다시 불러와야 한다. 이때 이미 저장된 정보와 다시 들어온 정보들이 신경세포가 활성화돼 서로 교신하며 기억이 강화되는 것이다. 친구도 자주 만날수록 이야기가 더 잘 통하는 것처럼 정보도 자주 접하면 상호작용이 더 잘 일어난다.

성균관대 심리학과 이정모 교수는 전문가가 되려면 적어도 만 단위 이상의 시간을 그 분야에 투자해야 한다고 말한다. 그 영역에 대한 반복학습의 경험 없이는 전문가가 될 수 없다는 것이다. 초보자와 전문가의 차이는 곧 맡은 일에 투자한 시간의 차이라 할 수 있다.

에디슨은 "천재는 1퍼센트의 영감과 99퍼센트의 노력으로 이루어진다"고 말했다. 99퍼센트의 노력 중 큰 비중을 차지하는 것이 바로 반복학습이다. 반복학습을 통해서 충분한 양의 지식을 장기 기억으로 만드는 것은 영어든 발명이든 바이올린이든 모든 분야의 천재에게 반드시 필요한 노력이다.

많이 반복할수록 오래 기억할 수 있고 기억하는 것 자체도 쉬워진다. 돌아가고 있는 팽이와 마찬가지다. 처음에 팽이를 돌리려면 여러 번 채로 쳐야 하지만, 일단 돌기 시작하면 처음처럼 열심히 칠 필요 없이 가끔 한 번씩 돌려주기만 하면 된다. 팽이가 멈추기 전에 다시 한 번 돌려주면, 즉 기억했던 정보가 사라지기 전에 다시 한 번 저장하면 기억이라는 팽이는 계속 돌 것이다.

사람마다 각자에게 맞는 기억법이 있지만 오래 기억하려면 반복해야 한다는 데는 이견이 없다. 자신만의 기억법을 갖춘 기억고수들 모두가 강조하는 공통적인 기억법도 바로 반복이다.

자투리 시간은 금이다

하루에 세 시간을 공부한다고 할 때 세 시간 내리 앉아서 공부하는 것이 좋을까, 아니면 한 시간씩 세 번에 나누어서 공부하는 것이 좋을까? 30개 단어를 한꺼번에 외우는 것과 10개씩 나눠서 외우는 것 중 어느 쪽이 더 효과적일까? 학습 시간이 두 배면 학습량도 두 배일까? 이에 관한 실험이 있다.

1981년 뉴욕주립대의 토머스 J. 슈엘 교수는 집중학습과 분산학습의 효율성 차이를 알아보는 실험을 실시했다. 프랑스어 수업을 듣는 미국 학생들을 각각 20명씩 두 그룹으로 나누었다. 한 그룹은 집중학습 그룹, 다른 한 그룹은 분산학습 그룹이다. 분산학습 그룹은 하루에 10분씩 사흘 동안 불어 단어를 학습했고, 집중학습 그룹은 같은 양의 불어 단어를 한 번에 30분 동안 학습했다.

학습 완료 직후 실시한 테스트에서는 두 그룹의 점수가 거의 비슷했다. 하지만 나흘 뒤 실시한 두 번째 테스트에서는 분산학습으로 불어를 공부한 학생들이 집중학습으로 공부한 학생들보다 훨씬 높은 성취도를 보여주었다. 분산학습 그룹의 성적이 집중학습 그룹보다 35퍼센트나 높았다. 이 테스트를 통해 암기를 할 때는 한꺼번에 많은 양을 하는 것보다 조금씩 꾸준히 하는 것이 효과적이라는 사실이 밝혀졌다.

기억의 가장 강력한 도구는 반복이다. 반복의 방법은 '조금씩 자

30분 집중학습(왼쪽)과 10분 분산학습(오른쪽).

두 번째 실시한 테스트 결과.

주'하는 것이다. 학습에 있어서 자투리 시간의 위력을 무시할 수 없다. 하루 중 학교나 직장에 오가는 시간 30분, 점심 식사 후 쉬는 시간 10분, 잠들기 전 10분. 이렇게 잠깐씩 하는 공부가 하루 종일 책상 앞에 앉아 한 공부보다 더 나은 결과를 가져다줄 수도 있다.

기억은 어디에 저장될까?

인간은 어떻게 기억을 만드는 것일까? 어떤 것은 오래 기억하고 또 어떤 것은 쉽게 잊히는 것일까?

기억은 뇌에서 이루어진다. 인간의 뇌는 약 1,300그램으로 체중의 2퍼센트에 불과하지만 그 뇌가 전체 혈액과 산소의 5분의 1을 쓴다. 의학자들은 인간의 신체에서 가장 중요한 것이 뇌냐 심장이냐를 두고 논쟁을 벌여왔다. 심장정지와 뇌사 중 어떤 것을 인간의 죽음으로 봐야 하는가에 대한 논쟁도 진행 중이다. 하지만 이런 논란 속에서도 인간을 가장 인간답게 하는 것이 바로 '뇌의 작용'이라 해도 과언이 아니다.

뇌가 하는 일은 수없이 많지만 '가장 인간다운' 뇌의 작용으로 학습과 기억이 있다. 인간의 뇌에는 정보를 받아들이고 저장하는 멀티시스템이 있다. 물론 뇌의 어느 한 곳에서만 하는 일은 아니다. 뇌는 각 부분이 고유의 기능을 하는 것이 아니라 서로 유기적으로 연결돼 있다. 그러므로 뇌의 어느 한 곳만이 기억을 담당한다고 볼 수는 없다.

지금까지 수많은 연구와 실험을 통해 기억의 중심에 해마와 편도체가 있다는 사실이 밝혀졌다. 해마와 편도체는 뇌의 변연계라는 곳에 자리 잡고 있다. 변연계Bimbic System는 라틴어로 '경계'라는 뜻이다. 대뇌피질에 싸여 뇌의 깊은 곳에 자리하고 있으며 뇌간 주변에 둥그렇게 경계를 형성하는 부분이기 때문에 그렇게 불린다. 변연계에는 해마와 편도체, 중격핵, 유두체 등이 포함돼 있으며 공포, 분노, 애착, 기쁨, 슬픔 등의 감정을 담당한다. 또한 학습과 기억에 깊이 관여한다.

변연계는 개, 소, 고래, 호랑이, 사람 등 모든 포유동물 안에 존재한다. 고등동물인 포유류의 뇌에만 존재하므로 '포유류의 뇌'라고도 불린다. 사랑을 느끼는 것도 공포를 느끼는 것도 이 변연계의 작용이다. 식욕과 성욕 등 본능적인 활동이나 쾌감, 분노 등의 정서 및 기억과 관계가 있다. 감정과 기억을 주관하기 때문에 '마음을 다스리는 뇌'라고도 불린다. 변연계에 속하는 해마와 편도체에 기억의 비밀을 감춰져 있다.

그렇다면 기억은 어디에 저장될까?

기억은 기억의 종류에 따라 대뇌피질의 다양한 부분으로 분산돼 저장된다. 인간의 경우에는 주변에서 일어나는 사건은 전두엽, 어디에 무엇이 있는가를 판단하는 공간적 기억은 두정엽, 얼굴 등의 패턴 기억은 측두엽에 저장된다. 물론 기억이 '세포 한 개에 기억 정보 하나'라는 식의 일대일대응 방식으로 저장되는 것은 아니다. 하나의 정보는 드문드문 분산된 여러 세포에 안전하게 각인된다고 볼 수 있다.

해마

기억에 대한 현대의 연구는 한 환자의 뇌 수술에서 비롯되었다. 'HM'이라는 머리글자로 널리 알려진 몰라이슨Henry Gustav Molaison은 2008년 82세의 일기로 세상을 떠났지만 그의 뇌는 아직도 연구에 쓰이고 있다.

몰라이슨은 1957년 27세 때 뇌 수술을 받았다. 그의 간질 발작이

극심해 어떤 처방도 듣지 않자 의사들은 마지막 수단으로 간질을 일으키는 부위인 뇌의 측두엽을 절제하기로 결정했다. 위험한 수술이었지만 뇌 수술은 성공적으로 끝났다. 그런데 예기치 않은 일이 벌어졌다. 그에게 단기 기억상실이 일어난 것이다. 그는 현재 일어나고 있는 일을 불과 몇 분 정도만 기억할 수 있었다. 자신을 치료하는 의사도 매번 처음 만나는 사람처럼 대했다. 그는 더 이상 새로운 일을 기억할 수 없었지만 뇌 수술 이전의 일은 비교적 잘 기억했으며 판단력도 정상이었다. 그의 뇌 수술 도중 측두엽에서 제거된 부분이 바로 해마Hippocampus였다. 연구자들은 몰라이슨의 사례를 통해 해마가 기억을 만드는 중요한 부위라는 사실을 밝혀냈다.

해마는 뇌에서 공간 탐색, 기억의 저장과 인출에 중요한 역할을 한다. 해마는 모양이 바다에 사는 해마海馬를 닮았다고 해서 붙여진 이름이라고 한다. 이 밖에 그리스신화에 등장하는 바다의 신 포세이돈이 타고 다니는 말처럼 생긴 바다 괴물의 이름 '히포캄푸스'에서 유래됐다고도 한다.

해마는 떼어내면 어른 손가락 두 마디 정도의 크기로 약 5센티미터다. 이 작은 곳에서 기억이 일차적으로 만들어진다. 뇌세포는 약 1,000억 개 정도인데 그중 해마의 신경세포는 약 1,000만 개 정도다. 하지만 이 신경세포 하나는 2~3만 개의 신경세포와 서로 연락을 취한다. 단기 기억의 저장소인 해마가 없다면 5분 정도는 기억을 하지만 그 이후에는 잊어버린다. 단기 기억 저장소인 만큼 저장 용량이 크지 않아서 일반적으로 한

번에 평균 7개 정도를 기억한다. 전화번호가 일곱 자리인 것도 단기 기억 용량과 관계가 있다.

해마는 단기적인 기억을 수면 시에 대뇌피질로 보내 장기적인 기억으로 변하게 한다. 해마는 불필요한 정보는 버리고 필요한 것만 저장한다.

그렇다면 해마는 어떤 방식으로 기억을 저장하는 것일까? 카이스트 김은준 박사의 설명을 요약하면 다음과 같다.

만일 어떤 사람이 '나비'를 봤다고 가정해보자. 먼저 시각 영역의 감각기관인 눈을 통해 정보가 들어온다. 우리의 뇌는 1,000억 개의 신경세포와 100조 개의 시냅스로 연결된 복잡한 네트워크를 형성하고 있다. 뉴런은 외부로부터 자극이 들어오면 전기신호를 만들어낸다. 전기신호는 뉴런에 있는 기다란 돌기인 축삭을 따라 전달된다. 메시지가 전달되려면 신경세포에서 신경세포로 메시지가 전달돼야 한다. 메시지는 전기신호로 이어달리기를 한다. 신경세포는 아주 가까이 있지만 서로 붙어있지는 않다.

전기신호인 메시지는 어떻게 다른 신경세포로 전달되는 것일까?

메시지가 신경세포들 사이에 있는 공간, 즉 시냅스를 건널 때 필요한 것이 바로 신경전달물질이다. 메시지는 신경전달물질에 담겨 다른 신경세포로 건너간다. 이것이 신경세포가 서로 연락을 주고받는 방법이다. 정보가 오가는 동안 신경세포 말단은 그 머리 부분이 버섯처럼 부풀어 오른다. 이 부풀어 오른 말단을 '스파인'이라고 부른다. 가늘고 긴 것을 미성숙한 스파인이라 부르고 버섯 모양으로 부푼 것을 성숙한 스파인이라고 부른다. 이 둘 사이의 차이점은 성숙한 스파인에 훨씬 더 많은 신경전달물질 수용체가 들어 있으며 신경전달도 활발히 일어난다는 것에 있다. 기억이 만들어지는 과정에서 미성숙한 스파인은 성숙한 스파인으로 모양의 변형이 일어난다. 즉 스파인이 오톨도톨 부풀어 오르는 과정이 바로 기억이 저장되는 과정이다.

뇌에서 신경회로망이 가장 복잡한 부분은 해마다. 5센티미터 정도의 작은 공간 안에 수많은 신경세포가 모여 서로 대화를 주고받으며 기억이라는 기적을 만들어낸다.

• 신경세포에서 기억이 저장되는 모습.

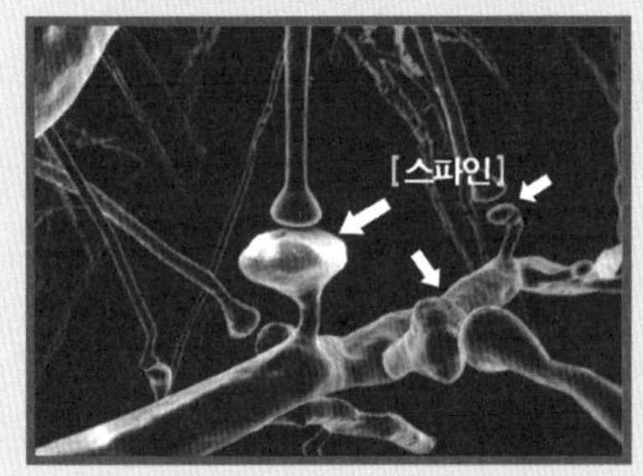

편도체

변연계 안의 중요한 기억중추인 해마 바로 옆에 있는 편도체는 감정을 주관하는 것으로 아몬드 모양의 작은 뇌 조직이다. 후각중추와 직접 연결되어 있으며 본능적인 감정을 불러일으키고 학습과 기억에 깊게 관여한다. 편도체는 10개 이상의 편도핵으로 이루어져 있다. 이들은 각각

다른 경로에서 들어온 감각 신호를 받아들여 다시 다른 곳으로 내보낸다. 이 과정에서 정보의 연결과 통합이 일어난다. 몸의 감각기관을 통해 들어온 정보가 편도체를 거쳐 감정적 경험을 만들어내는 것이다.

편도체는 정서에 관련된 기억을 저장하고 회상을 조절한다. 학습된 정서 반응은 생물체의 생존에 매우 중요하다. 쥐는 고양이를 보면 공포에 질려 꼼짝 못한다. 사람도 자신보다 큰 맹수와 맞닥뜨리면 공포를 느낀다. 무엇이 좋고 나쁜지 순간적인 감정의 발현이 나타나는 것이다. 이것을 담당하는 것이 편도체다. 편도체에는 각종 감각기관에서 수집된 다양한 정보가 저장된다. 그리고 살아가는 데 필요한 중요한 가치판단에 관련된 기억을 조회한다. 이것이 좋은지 나쁜지, 위험한지 안전한지 순간적으로 느낀다.

숲 속에서 길을 잃었다고 가정해보자. 밤이 되자 저 앞에 퍼렇게 빛을 내뿜는 동물의 두 눈이 보이고, 이때 편도체는 예전 기억을 조회한다. 기억 속에 안광을 내뿜는 것은 위험한 맹수라는 내용이 있다. 편도체는 공포를 느끼고 뇌의 다른 부분에 재빨리 정보를 전달한다. 그러면 뇌는 모든 상황을 판단해 어떻게 반응할 것인지, 도전할 것인지 회피할 것인지를 정한다. 이처럼 공포를 느끼는 것과 위험을 감지하는 것이 편도체에 달려 있다.

한 실험에서 원숭이의 편도체를 파괴하자 그 원숭이는 공포를 잊었다. 뱀이 나타나도 무서워하기는커녕 오히려 가까이 다가갔고, 심지어 뱀을 집어 들더니 머리를 깨물기까지 했다. 그뿐 아니라 편도체가 손상돼 감정 장애가 발생한 원숭이는 새끼에 대한 모정도 사라졌다.

편도체가 손상된 사람의 경우 시각적 · 청각적 자극에 포함된 정서적 단서를 탐지하는 능력을 잃어버린다. 위험한 소리, 위협적인 표정 등을 알아채지 못한다. 보이고 들리기는 하지만 이것이 위협적이라고 느끼지는 못한다.

편도체와 기억은 어떤 관계가 있을까? 조셉 르듀Joseph Redoux 박사는 30년 동안 편도체를 연구한 뇌과학자다. 그는 감정을 불러일으키면 기억이 강렬해지고 단단해진다고 설명한다. 감정이 고조됐던 상황의 기억은 오랜 시간이 지나도 선명하다. 첫 키스의 순간을 잊는 사람이 있을까? 첫 키스를 했던 시간과 장소, 입었던 옷, 주변 분위기, 느낌까지 생생하게 기억할 수 있다. 첫 아기를 출산했을 때는 또 어떤가? 그때 느꼈던 강렬한 감정과 더불어 그 순간의 기억은 오래도록 저장된다. 이런 기억을 '섬광 기억'이라고 한다. 마치 섬광처럼 아주 밝게 빛나는 기억이라는 뜻이다.

첫 경험이 쉽게 잊히지 않는 이유는 편도체 때문이다. 설렘과 긴장감이 편도체를 자극하면 기억이 강하게 새겨지게 된다.

기억력의 비밀, NMDA 수용체

외부에서 들어온 자극은 전기신호를 통해 신경세포에서 신경세포로 전달된다. 신경세포는 단순하게 보면 입력을 담당하는 '수상돌기'와 출력을 담당하는 '축삭돌기'로 이루어져 있다. 자극이 축삭돌기의 끝으로

와서 다른 뉴런으로 건너가려면 신경세포들 사이의 작은 틈, 즉 시냅스를 건너야 하는데 이 과정에서 신경전달물질이 방출된다. 신호를 보내는 쪽의 축삭돌기는 신경 전달물질로 글루탐산을 방출하며, 신호를 받는 쪽의 수상돌기의 세포 표면에는 글루탐산을 받는 수용체가 존재한다.

• AMPA 수용체(왼쪽)와 NMDA 수용체(오른쪽).

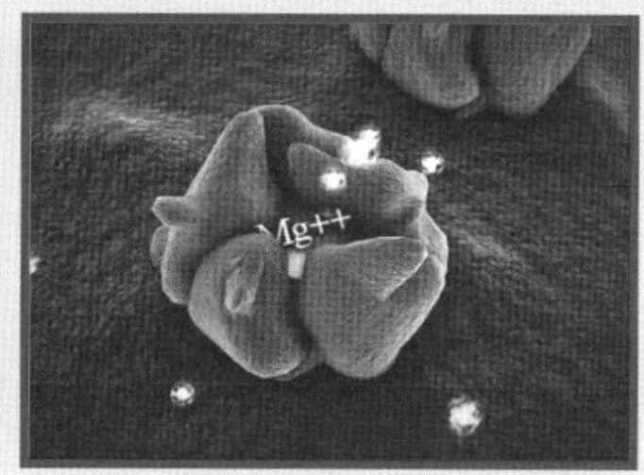

글루탐산의 수용체에는 여러 유형이 있는데, 그중 AMPA 수용체는 글루탐산을 받으면 세포 밖에 있는 나트륨 이온을 세포 안으로 유입시켜 부풀어 오르게 한다. NMDA는 단백질로 이루어진 신경수용체인데, 보통 때는 마그네슘 뚜껑으로 닫혀 있어 작동하지 않는다. 그런데 AMPA 수용체가 자극을 받아 나트륨 유입으로 세포 안이 부풀면 그 부푸는 힘이 NMDA 수용체의 잠금 장치를 해제시킨다. NMDA 수용체의 마그네슘 뚜껑이 열리면서 나트륨 이 온뿐 아니라 칼슘 이온도 세포 안으로 들어오게 된다. 칼슘 이온은 세포 속에서 여러 단백질의 활성화를 일으켜 AMPA 수용체의 수를 계속 늘린다. 그렇게 되면 시냅스에서의 신호전달 효율이 향상돼 기억력이 좋아진다는 것이 분자생물학자들의 설명이다.

외부 자극이 강하고 잦으면 NMDA의 문이 자주 열리고 AMPA 수용체의 수도 늘어난다. 수용체가 많으면 신호전달 효율이 높아지니 그만큼 기억력도 좋아진다.

파페츠 회로

미국의 해부학자 제임스 파페츠James Papez가 1937년에 제창한 이론으로, 눈이나 귀로 들어온 정보는 대뇌피질의 각 감각영역에서 처리돼 해마에 저장된다. 해마에 저장된 정보는 감정을 조절하는 편도핵과 공동작업을 거쳐 해마 꼬리 부분에 있는 '뇌궁腦弓'이라는 신경섬유 다발을 통과한 유두체로 전달된다. 이후 시상전핵, 대상회를 거쳐 다시 해마로 되돌아오는 경로를 형성한다. 이것을 '파페츠 회로'라고 하는데, 정보가 뇌 안의 순환로를 빙글빙글 돌며 기억을 강화시킨다.

1장

잘 기억하려면 이것을 기억해라

관심을 가져야 잘 기억한다

기억의 첫 단계는 바로 '주의 집중'이다. 인간의 뇌는 자신이 의식적으로 집중하는 것만 기억하고 관심 없는 것은 지우게 만들어져 있다. 모든 것을 기억할 수는 없기 때문에 중요한 것만 선택해서 기억하게 돼 있는 것이다. 다음 글을 주의 깊게 읽고 질문에 답해보라.

엘리베이터에 7명의 승객이 타고 있다. 3층에서 문이 열리자 두 사람이 내리고 세 사람이 탔다. 다음 4층에서는 한 사람이 내리고 다섯 사람이 탔다. 7층에서 다시 엘리베이터가 멈췄다. 내린 사람은 없고 한 사람이 올라탔다. 10층에 도착하자 7명이 우르르 내렸다.

문제: 그렇다면 이 엘리베이터는 몇 번 멈췄을까?

문제를 읽고 난 뒤 대부분의 사람들은 황당함을 느낀다. 타고 내린 사람의 수에만 신경을 쓰기 때문이다. 머릿속으로 계속 내리고 탄 사람을 계산하느라 엘리베이터가 몇 번 멈췄는지에는 주의를 기울이지 않는다. 사실 엘리베이터가 멈춘 횟수를 기억하는 것이 훨씬 더 쉬운데도 질문에 즉각 답할 수 있는 사람은 거의 없다.

무엇을 기억하기 위해 가장 먼저 해야 하는 일은 주의를 기울이는 것이다. 그것이 기억의 첫 단계다. 주의를 기울인다는 것은 집중해서 보고 듣는다는 것으로, 정보가 그냥 스쳐 지나가지 않게 세심하게 관찰하는 것이다.

새로운 친구를 소개받았다고 가정해보자.

"안녕? 나는 이샛별이라고 해."

인사를 나누며 새 친구의 생김새를 주의 깊게 관찰한다.

'아, 눈이 참 반짝반짝하네. 그래서 이름을 샛별로 지었나 봐. 머리가 길구나. 얼굴에 점도 있네…….'

상대방을 관찰하면서 여러 가지 생각을 한다. 그러면 나중에 다시 만났을 때도 얼굴과 이름을 기억할 수 있다. 만약 상대방을 제대로 쳐다보지 않고 건성건성 인사를 나눈다면 당연히 얼굴도 이름도 기억하지 못한다.

미네소타대에서 사람의 얼굴을 잘 기억하지 못하는 여성에 대한 연구를 실시했다. 그녀는 예전에 만났던 사람을 다시 만나도 거의 기억하지 못했다. 조사 결과 그녀가 얼굴을 기억하지 못하는 이유는 상대방이 입고 있는 옷 때문이었다. 그녀는 패션에 이상하리만큼 흥미를 보이는 성향 때문에 만난 사람이 입고 있는 옷에 신경을 빼앗겨서 얼굴에는 주의 집중을 하지 못했던 것이다. 이처럼 주의를 집중하지 않으면 기억도 하지 못한다.

절박해야 잘 외워진다

무엇을 잘 기억하느냐, 기억하지 못하느냐는 기억하려고 하는 동기가 강한가 약한가에 따라 좌우된다. 반드시 기억해야 하는 일은 더 잘 기억된다. 책임감과 절박함은 기억의 원동력이다.

어떤 숫자를 외우면 100만 원을 준다고 해보자. 아무 대가 없이 숫자를 외울 때와 비교할 수 없을 만큼 기억력이 비약적으로 향상될 것이다. 내일 당장 영어 단어 퀴즈를 봐야 할 경우 평소보다 더 빨리 외울 수 있다.

유명한 지휘자 토스카니니는 250개 교향곡과 100개의 오페라 악보 및 가사를 모두 기억한 것으로 유명하다. 그는 음표 하나 틀리는 법이 없었는데 여기에는 숨은 이야기가 있다. 토스카니니는 시력이 나빠서 악보를 보기가 어려웠다. 때문에 자기가 지휘하는 곡을 반드시 머릿속에 모두 넣고 있어야 했다. 단점을 극복하기 위한 노력과 책임감이 그에게 놀라운 기억력을 안겨 주었다.

자동차 판매왕이나 보험 영업사원이 고객의 이름은 물론 전화번호, 생일, 기호에 이르기까지 많은 양의 정보를 기억하는 일은 흔하다. 그들은 고객 정보를 많이 기억하는 것이 판매왕에 오를 수 있는 비결이었다고 말한다. 고객 정보를 많이 알수록 판매에 도움이 되므로 동기가 확실해진다. 많이 기억한다는 것은 많이 반복한 결과로, 고객이 자신을 잊지 않도록 계속 연락하는 과정에서 정보가 각인됐을 것이다. 이 또한 물건을 판매하려는 동기가 확실하기 때문에 이루어진 일이다. 연극배우가 대사를 기억하는 것, 웨이터가 주문 내용을 기억하는 것, 한의사가 약초 이름을 기억하는 것 모두 동기부여가 확실히 이루어진 일이다.

에란 카츠 역시 뛰어난 기억력의 비결은 '강력한 동기부여'라고 설명한다. 아무 소용없는 것을 기억하는 것보다 큰 쓸모가 있는 것을 기억할 때 사람들은 더 노력하기 마련이다.

똑같이 영어 단어를 외우더라도 'Apple', 'Tomato' 등 의미가 있는 단어를 외우는 것과 'Optlas', 'Klaswqpo' 등 알파벳을 무작위로 나열한 아무 의미 없는 단어를 외우는 것은 다르다. 실제로 외워보면 무작위로 알파벳을 나열한 단어는 외우기가 훨씬 어렵다는 것을 알 수 있다. 의미 있는 단어는 외워두면 쓸모가 있지만 의미 없는 단어는 외워야 할 동기가 부족하기 때문이다.

무엇을 암기할 때는 매번 스스로에게 동기부여를 하는 것이 도움이 된다. 그런데 막연한 목표는 동기부여가 쉽지 않으므로 작고 구체적인 목표를 스스로 마련하는 편이 좋다. 영어 단어를 20개 외우고 나서 편안히 잔다거나, 이 도표를 다 외우고 나서 산책하러 나간다거나, 한자 20개를 다 외우면 드라마 한 편을 본다는 식으로 자신과의 약속을 정하면 동기부여가 돼 집중력도 좋아지고 기억력도 강화된다. 동기가 강력할수록 강하게 기억된다.

재미있는 부분부터 공부해라

흥미야말로 기억의 강한 동력이다. 재미있으면 굳이 외우려고 노력하지 않아도 저절로 외워지고 잘 잊어버리지도 않는다. 인간은 본래 흥미 없는 정보는 쉽게 잊고 재미있는 정보는 잘 기억한다.

유치원생 또래의 아이들은 공룡에 흥미를 보인다. 혀가 짧아 발음도 부정확한 어린아이들이 티라노사우르스, 파키케팔로사우르스, 벨로키랍토르 등 길고 어려운 공룡 이름을 줄줄 외운다. 자동차에 흥미가 있는 아이들은 자동차를 멀리서 슬쩍 보고도 이름을 알아맞힌다. 범퍼나 조명 모양만 보고 이름을 알아맞히는 아이도 있다. 알파벳도 모르고 구구단도 못 외우는 아이들이 만화영화 〈포켓몬스터〉에 나오는 수백 종의 몬스터 이름은 외운다.

기억을 담당하는 곳은 해마다. 해마는 감정을 담당하는 편도체 바로 옆에 있으며 해마와 편도체는 서로 긴밀하게 교류한다. 좋아하는 감정이 생기면 편도체가 활성화하고 해마도 같이 활성화해서 기억력이 증가한다.

좋아하는 것이나 재미있는 것은 누가 시키지 않아도 자주 들여다본다. 볼 때도 아주 자세하게 열심히 본다. 그러다보니 자기도 모르게 외울 수 있게 된다. 조선 후기 실학자들의 이름은 하나도 기억나지 않지만 게임 캐릭터의 이름은 줄줄 외우는 것은 어찌 보면 당연한 일이다.

문제는 학과 공부가 게임처럼 재미있지 않다는 데 있다. 재미만 있으면 누가 공부하라고 잔소리를 하지 않아도 알아서 할 것이다. 하지만 그런 학생들보다는 공부를 지겹게 생각하는 학생들이 더 많다. 공부에 흥미를 느끼지 못하면 학습 능률도 오르지 않는다. 잘 외워지지도 않고 외운다 해도 금세 잊고 만다.

누구나 좋아하는 과목이 있고 싫어하는 과목이 있다. 싫어하는 과목일수록 아는 것도 적고 잘 모르기 때문에 점점 더 싫어진다. 싫어하는 과목에 흥미를 붙이려면 그 과목을 재미있게 접할 수 있는 방법을 찾아야 한다. 예를 들어 역사 과목이라면 연대표를 외우는 지겨운 공부보다는 사극이나 역사 만화 보기를 먼저 시도하는 것이 좋다. 드라마나 만화로 역사를 접하면 그 시대의 인물이나 사건에 좀 더 재미있게 접근할 수 있다. 또한 가장 재미있는 부분이나 흥미를 느끼는 부분을 먼저 공부하는 것도 한 방법이다. 사극에서 본 것과 실제 역사와의 같은 점과 다른 점이 무엇인지 비교해볼 수 있으며, 왜 그런 사건이 일어났는지 앞뒤 맥락을 살펴볼 수도 있다. 이렇게 조금씩 지식의 폭을 넓히면 역사 과목에 점차 흥미가 생길 것이다. 아는 만큼 보인다는 말이 있듯이 아는 만큼 흥미도 생긴다. 흥미가 생기면 연대표 외우기가 불가능한 일만은 아니다.

기억하려고 해야 기억할 수 있다

무엇이든 하려고 해야 할 수 있다. 당연한 이야기지만 기억하려고 노력하면 그러지 않을 때보다 훨씬 더 잘 기억한다.

미국 동부 워싱턴 외곽의 한 대중음식점에는 모두 예순일곱 종류나 되는 메뉴가 있다. 게다가 각 음식마다 수십 개의 소스가 조합되므로 주문받는 사람에게 메모지와 펜은 필수품이다. 그런데 이곳에서 일하는 웨이터인 라우프는 좀 특별하다. 그의 손에는 아무것도 없다. 대신 메모지와 펜이 그의 머릿속에 들어 있다. 일가족이 앉아 있는 테이블에서 각자의 주문을 받으면서도 라우프는 메모 없이 듣기만 한다.

큰 와플, 햄버거, 컨트리 소시지와 비스킷, 달걀 2개, 마마스 팬케이크, 바나나 토핑, 스크램블드에그, 소시지, 버터 두른 어린이용 팬케이크, 베이컨 치즈 오믈렛.

그는 이 많은 음식 주문을 주방에 정확히 전달한다. 그리고 음식이 나오면 정확하게 주문한 사람 앞에 놓아준다.

손님들에게는 그의 기억력이 그저 놀랍기만 하다. 비결을 묻자 라우프는 그저 외울 뿐이라고, 아마도 경험이 많아서일 것이라고 말했다. 외우려고 했기 때문에 외울 수 있다는 것이다. 그는 자신이 어떤 방법을 쓰고 있는지는 모르겠다고 했다.

스스로 알지 못한다 해도 많은 것을 기억하는 사람들은 자신만의 기억법을 개발해서 쓰고 있다. 라우프 역시 주문을 기억하기 위해 다양한 전략을 사용했다. 고객의 취향에 근거한 부호화에서부터 그들 이 스테이크를 어느 정도 익히기 원하는지에 대한 이미지 기억법, 샐러드드레싱의 첫 음절 기억법까지 주문을 듣는 동안 그의 머릿속에서는 많은 일이 일어나고 있다. 그가 적극적으로 기억하려고 했기 때문에 머릿속에서 그런 일들이 이루어질 수 있다.

학습에서도 마찬가지다. 지금 공부하고 있는 것이 무엇이든 최대한 적극적으로 이미 알고 있는 것과 연관시키며 읽어보라. 적극적으로 기억하려고 노력한다면 미처 깨닫지 못하는 사이에 자신이 쓸 수 있는 기억 전략이 총동원될 것이다.

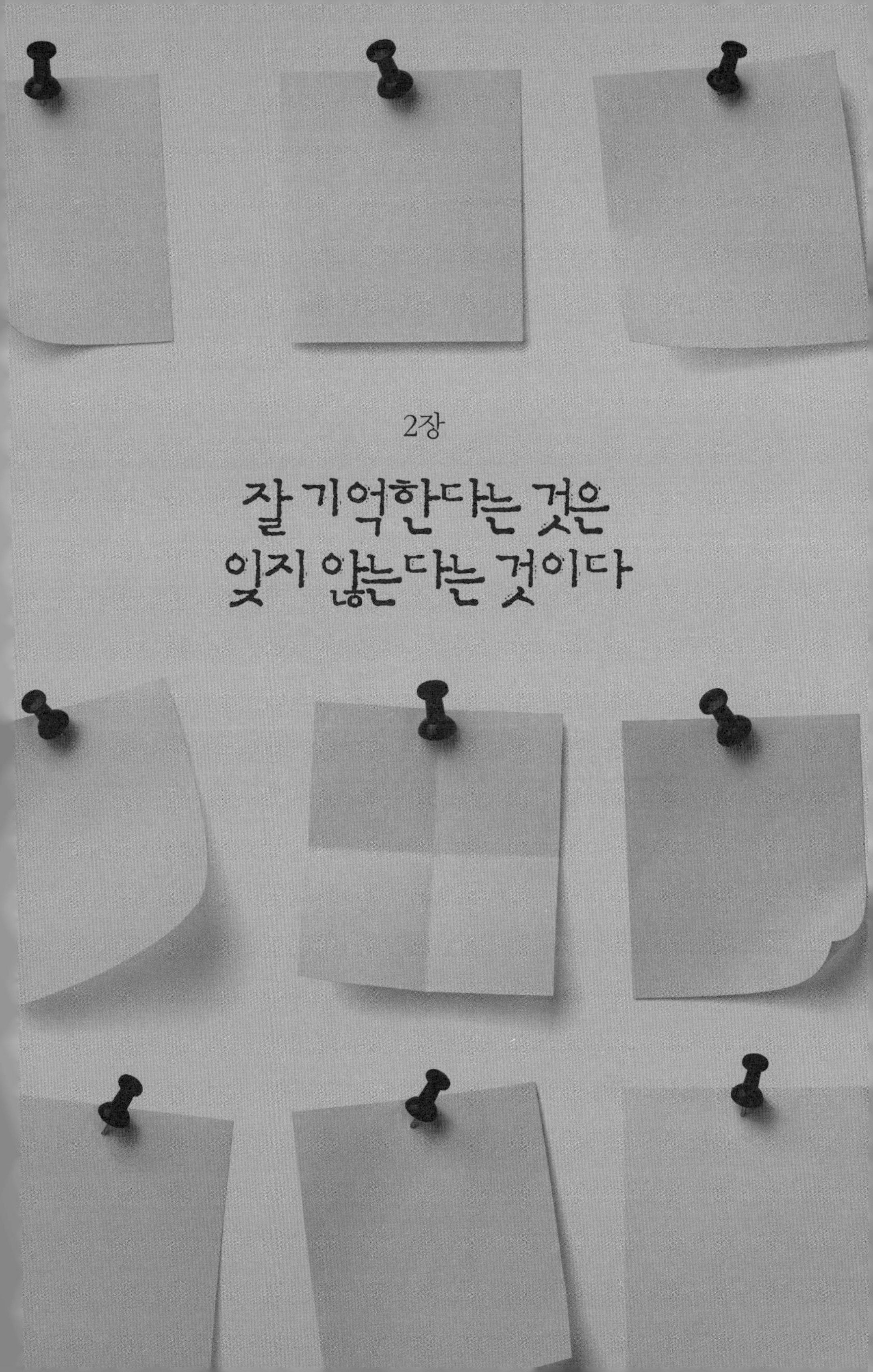

2장

잘 기억한다는 것은 잊지 않는다는 것이다

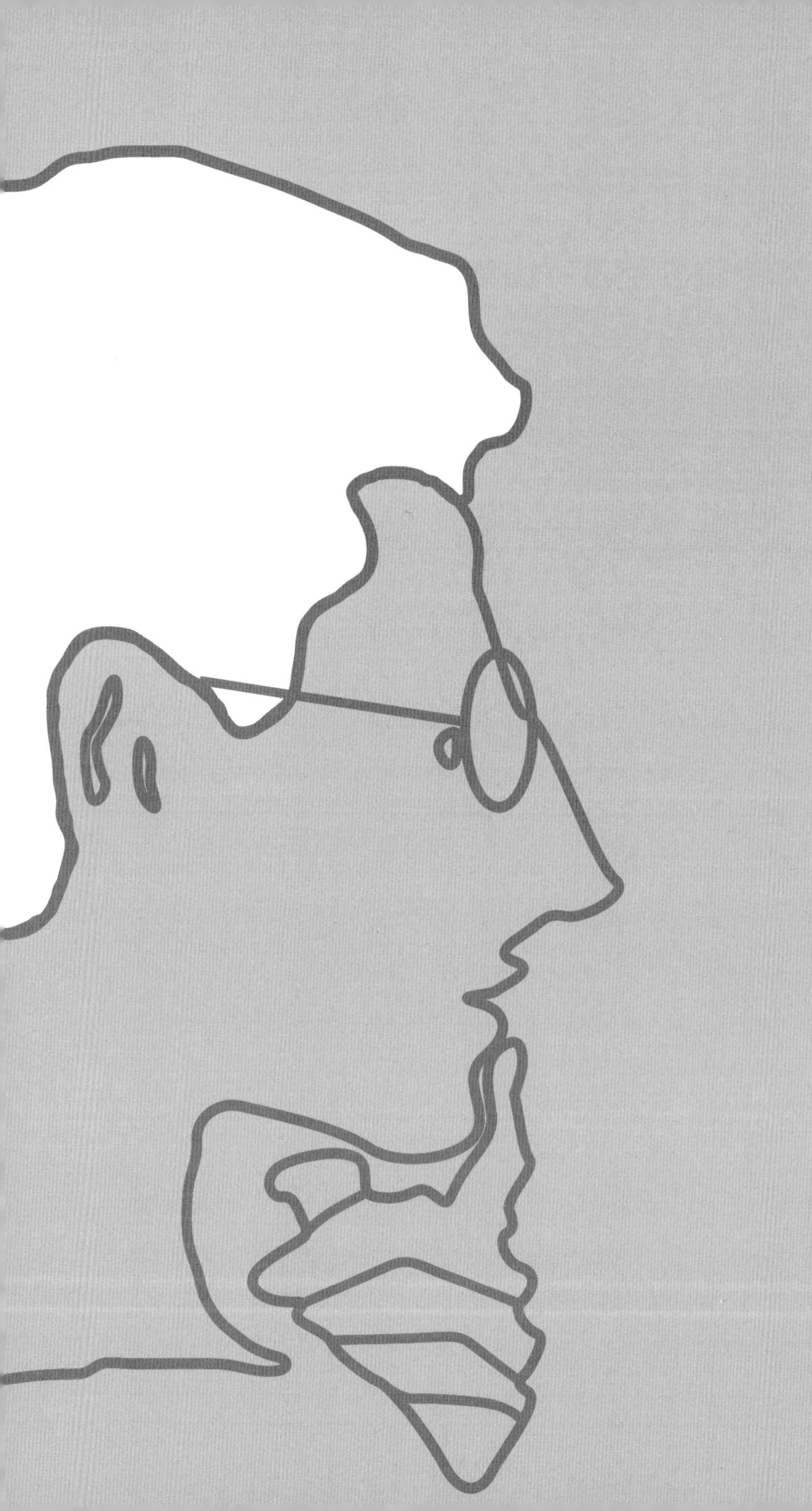

망각은 기억의 특성이다

반복하면 기억이 오래가지만 반복하지 않으면 오래 기억할 수 없는 이유가 뭘까? 그것은 우리의 뇌가 기억하는 것만큼 망각하도록 돼 있기 때문이다. 인간의 뇌는 기억도 하지만 망각도 한다. 망각은 기억의 특성 중 하나다.

망각에는 두 종류가 있다. 하나는 기억 자체가 소멸해버리는 '완전 망각'이다. 한때 뇌 어디엔가 저장돼 있었지만 시간이 지남에 따라 희미해지다 완전히 사라져버린 기억이다. 완전 망각은 입력이 강하지 못했기 때문에 일어나기도 하고 중요한 내용이 아니기 때문에 일어나기도 한다. 다른 하나는 '유실 망각'이다. 기억이 완전히 사라진 것이 아니라 뇌의 어느 곳에 저장은 돼 있으나 밖으로 인출되지 않는다. 그 저장고가 어디였는지 찾지 못하는 것이다. 한 예로 건망

증을 들 수 있다. 물건을 어디에 두었는지 기억나지 않다가 나중에 물건을 찾게 되면 그 물건을 두었던 곳이 기억난다. 입력은 제대로 됐지만 출력 과정에서 문제가 생긴 것으로 볼 수 있다.

과학자들은 망각에 대해 여러 각도로 연구했다. 인간의 망각 성향 실험을 통해 구체적으로 증명한 사람은 학습심리학의 대가인 독일의 에빙하우스Hermann Ebbinghaus다. 그에 따르면 사람은 학습한 지 몇 분이 지나면서부터 망각이 시작돼 20분 후에는 42퍼센트의 기억이 사라진다. 한 시간 후에는 56퍼센트 이상을 잊게 되며 하루가 지나면 66퍼센트, 일주일 후에는 75퍼센트, 한 달 후에는 80~90퍼센트 이상을 잊게 된다고 한다. 또한 그는 새로운 단어가 영구 기억 단계로 가려면 특별한 자극이 없는 경우 각기 다른 상황에서 15회 정도의 반복이 이루어져야 한다는 것도 검증했다.

에빙하우스는 새로운 내용을 외운 지 한 시간이 지나면 잊기 시작하므로 이때 다시 외우면 하루 동안 기억이 지속된다고 주장했다. 그리고 하루가 지난 뒤 다시 외우면 일주일 동안, 일주일 후에 다시 외우면 한 달, 한 달 후에 다시 외우면 6개월 정도 기억이 지속된다는 것이다. 6개월 정도 지속된 기억은 장기 기억 상태에 접어든 것이므로 6개월이나 1년에 한 번씩 잠깐 회상만 해도 영구 기억 상태가 된다고 한다. 또한 학습 직후에는 머릿속에서 사라지는 속도가 빠르고 시간이 흐를수록 망각 속도가 느려진다고 했는데, 이것이 에빙하우스의 망각 곡선이다.

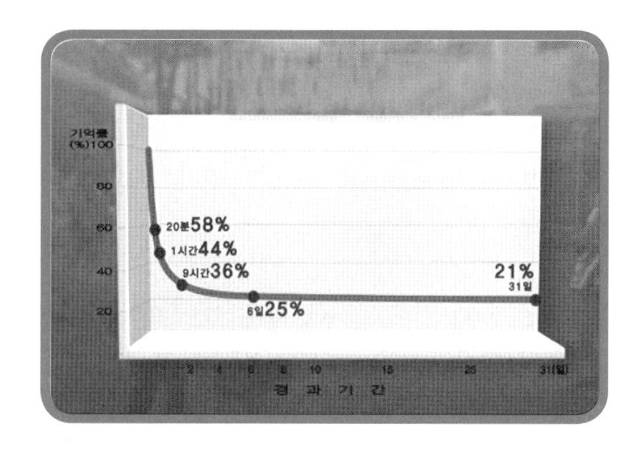

에빙하우스의 망각 곡선.

에빙하우스의 망각 곡선에 따르면 망각이 일어나기 전에 다시 학습하면 곡선이 다시 시작하므로 기억이 오랫동안 생생하게 남게 된다.

그의 망각 곡선이 의미하는 또 다른 바는 오래된 기억 순으로 망각이 일어나는 것은 아니라는 점이다. 오히려 아주 오래전의 일은 뚜렷이 기억나는데 비해 바로 어제의 일이 기억나지 않는 경우도 흔하다. 기억이 잘되는 일은 개인에게 의미 있는 일이며 기억흔적의 강도가 강한 일이다. 강한 인상을 남긴 일을 기억할 때 부호화가 잘 일어난다.

그렇다면 기억의 강도가 같은 경우는 어떨까? 두 가지 기억흔적의 강도가 동일하다면 둘 중에서 더 오래된 것의 망각 속도가 더디게 일어난다. 망각은 일정 시점까지는 빠르게 진행되지만 점차 그 속도가 더뎌지고 어느 지점을 넘어서면 기억 자체가 동결된다. 시간은 망각을 일으키는 요인이지만 시간과 망각이 비례해서 일어나는 것은 아니다. 그러므로 시간이 흘렀다는 이유만으로 망각을 설명할 수는 없다. 중요한 것은 시간 그 자체가 아니라 시간이 흐르면서 일어나는 여러 가지 변화와 사건들인 것이다.

존 맥지오치John McGeoch는 시간 그 자체로는 망각을 설명할 수 없다고 주장했다. 시간은 그 자체로는 아무 일도 하지 않는다. 시간이 흐르면 바위가 깎이지만 그것은 시간이 한 일이 아니라 흐르는 물이나 부는 바람이 한 일이다. 시간이 흐르면 시체는 썩지만 그것은 미생물의 활동에 따른 일이다. 미생물이 활동할 수 없는 빙하 지대에서는 오랜 시간이 흘러도 시체가 썩지 않는다.

그러므로 흐르는 시간을 탓할 게 아니라 조금이라도 기억을 오래 잡아둘 수 있는 방법을 찾는 것이 중요하다. 시간이 흐르더라도 잊히지 않게 하는 방법, 조금이라도 덜 잊히게 하는 방법이 있다.

잊지 않으려면 입력을 강하게 해라

잘 기억한다는 것은 잘 잊지 않는다는 것이다. 어떻게 하면 잘 잊지 않을까?

오래도록 잊지 않으려면 기억 단계에서 더 철저히 학습해야 한다. 바위 위에 새긴 글자가 오랜 세월이 흘러도 희미해지지 않게 하려면 글자를 아주 깊이 선명하게 새겨야 한다.

입력의 강도와 망각의 관계에 관한 연구로 해리 바릭Harry Bahrick과 엘리자베스 펠프스Elizabeth Phelps의 연구가 있다. 바릭은 아주 오래전에 스페인어를 공부한 사람들이 수십 년 후 스페인어를 얼마나 기억하고 있는지에 대해 연구했다. 스페인어를 배울 당시에 학점을 얼마나 받았는지, 스페인어 학습의 강도가 얼마나 강했는지를 함께 고려했다. 이 연구를 통해 그는 실험 참가자들이 스페인어를 기억하는 정도는 처음에 스페인어를 얼마나 철저히 공부했는가에 달려 있다는 것을 발견했다. 스페인어를 1년만 공부하고 C학점을 받았던 사람들은 나중에 스페인어를 거의 기억하지 못했다. 스페인어를 3년 동안 공부하고 A학점을 받았던 사람들은 50년이 지난 뒤 검사했을 때도 스페인어를 잘 기억하고 있었다. 두 집단 모두 학창 시절 이후 스페인어를 접할 기회는 없었다. 두 집단의 차이는 스페인어 학습의 기회가 얼마나 잦았느냐에 따른 것이 아니라 애초에 스페인어를 학습할 때 얼마나 잘 익혔는가에 있다.

학습이 더 잘될수록 망각 가능성이 더 낮다는 것을 증명하는 연구는 또 있다. 독일의 에빙하우스는 학습 시행의 수와 이튿날 검사했을 때의 망각의 양 사이에 체계적인 상관관계가 있음을 발견했다. 예를 들어 어떤 목록을 여덟 번 익혔을 때에는 이튿날 기억해낼 수 있는 것이 아주 적었지만, 예순네 번 익혔을 때에는 이튿날 거의 완벽하게 기억해냈다.

연극배우들은 대사를 다 외우고 난 뒤에도 거듭해서 연습한다. 매 공연 때마다 기억은 점점 더 강해진다. 그래서 공연이 끝난 뒤 수 년이 흘러도 배우들은 자기 몫의 대사를 암기하고 있다. 또 피아노 연주자는 악보를 다 외우지만 계속 연습한다. 연주회를 거듭하면서 손가락이 저절로 움직이는 단계에 이른다. 그래서 한동안 그 곡을 연주하지 않더라도 악보는 그의 기억 속에 남아 있다.

시간이 흐르면 망각이 일어나는 것은 당연하다. 하지만 학습 당시에 더 철저하게 많이 학습한다면 오랜 시간이 흘러도 망각의 양을 줄일 수 있다.

띄엄띄엄 오래 공부해라

분산반복학습을 하면 학습이 더 잘 이루어진다. 세 시간 연이어 공부하는 것보다 한 시간씩 세 번에 나누어 공부하는 것이 더 효과적이라는 뜻이다. 분산학습은 학습 속도를 빠르게 할 뿐 아니라 망각 속도를 늦추는 효과도 있다. 분산반복의 기간이 더 길어질수록 망각은 더뎌진다.

바릭과 펠프스는 1987년 스페인어 학습 집단이 얼마나 자주 학습을 했는지도 함께 연구했다. 바릭과 펠프스는 먼저 스페인어 단어 50개를 각각 A, B, C 그룹으로 나눈 피실험자들에게 일고여덟 번씩 반복해서 암기하게 했다. A 그룹은 몇 분 간격으로 암기와 복습을 반복하도록 하고 B 그룹은 하루 간격으로, C 그룹은 30일 간격으로 암기와 복습을 되풀이하게 했다. 세 그룹 모두 암기를 마친 직후의 성적은 평균 100점에 가까웠다.

하지만 8년 뒤, 세 그룹의 성적에 큰 차이가 있었다. 몇 분 간격으로 암기했던 A 그룹은 고작 6퍼센트, 하루 간격으로 암기했던 B 그룹은 8퍼센트만 기억해냈다. 반면 30일 간격으로 암기한 C 그룹 학생들은 83퍼센트나 기억하고 있었다. 반복하되 반복 간격을 길게 잡은 집단이 더 잘 기억해낸 것이다. 이 실험을 통해 반복학습의 횟수 못지않게 반복 사이의 시간적 간격과 전체 학습 기간도 중요하다는 것을 알 수 있다.

예를 들어 구구단을 10분씩 열 번 외운다고 생각해보자. 하루에 한 번씩 외우면 10일이 걸린다. 일주일에 한 번씩 외우면 3개월이 걸린다. 구구단 공부를 한 시간은 총 100분으로 같지만 하루에 한 번씩 외운 집단은 10일만 구구단 공부를 한 것이고, 일주일 간격으로 공부한 그룹은 3개월 동안 구구단 공부를 한 셈이 된다. 그래서 훨씬 더 오래 기억할 수 있는 것이다.

하루에 많은 시간을 들여 벼락치기로 한꺼번에 외우는 것은 지극히 비효율적이다. 그보다는 시험 몇 주 전부터 조금씩 나누어 외우는 것이 훨씬 더 수월하게, 오래 기억할 수 있는 방법이다.

바릭은 길 이름을 학습하고 이를 망각하는 것에 대한 연구도 진행했다. 학생들은 빠르게 길 이름을 학습할수록 더 빨리 망각했다.

그리고 학습 속도가 느슨하면 망각 곡선도 완만했다. 다시 말해 같은 기간에 길 이름을 외운 개수가 더 적으면 잊는 것도 더 적었다. 그렇다면 기억력이 나쁜 사람이 더 잘 기억한다는 뜻일까? 그런 의미는 아니다. 단지 짧은 기간 동안 너무 많은 것을 외우면 마찬가지로 짧은 기간 내에 그것을 잊게 된다는 뜻이다. 오랜 기간 동안 반복적으로 천천히 암기한 것이 천천히 잊힌다.

오래 기억하려면 나누어 공부해라

같은 내용을 반복적으로 공부하면 늘 똑같은 내용이 반복적으로 저장되는 것일까? 반복학습을 하면 결국 똑같은 공부를 하는 것이니 기억 속의 단서도 계속 반복적으로 저장되는 것에 불과하다고 생각할지도 모른다. 하지만 사람은 똑같은 상태로 계속 머물러 있지 않고 변한다. 때문에 정보는 같다 해도 공부하는 나의 상황과 공부하는 환경은 달라진다. 같은 한자를 외우더라도 내 책상에서 외울 수도 있고 화장실에서 외울 수도 있으며 버스 안에서 단어장을 들여다보며 외울 수도 있다. 그러면 점점 부호화할 기회가 많이 생긴다.

시간이 지나면 나의 심리적 상태나 물리적 환경이 달라지기 때문에 같거나 비슷한 정보라고 해도 새로운 다양한 연결 고리가 만들어질 기회가 많아진다. 동일하거나 비슷한 정보라고 해도 맥락이 달라짐으로써 연결 고리가 그만큼 많아진다고 볼 수 있다.

처음 공부할 때는 떠오르지 않았던 것도 두 번째 다시 보니 '앗! 무엇과 비슷하게 생겼네' 하고 글자의 이미지가 떠오를 수 있다. 또는 책에 쓰여 있는 한자는 기억나지 않지만 버스 안에서 봤던 영어 단어는 떠오를 수도 있다. 기억의 단서가 여럿 생기는 셈이다.

기억의 단서가 여러 개면 기억 인출이 쉬워진다. 즉 낚아야 할 물고기 하나에 낚싯대가 여러 개인 셈이다. 전문가들은 이것을 '정보의 재구성'이라 한다. 같은 정보지만 다시 보면 또 다르게 재구성되는 것이다.

뇌의 집중도를 높일 수 있다

처음 새로운 것을 접했을 때는 주의력과 집중력이 높다. 낯선 것에 뇌가 긴장하기 때문이다. 하지만 사람의 뇌는 집중하는 데 한계가 있다. 오랜 시간 동안 같은 정보를 보고 있으면 뇌가 그것에 익숙해져서 집중력이 점점 떨어진다. 열 시간을 공부한다고 해도 그 시간 내내 뇌가 집중할 수는 없다. 계속 비슷한 정보를 처리하게 되면 뇌는 긴장이 떨어져서 결국 정보를 듬성듬성 처리한다. 이미 아는 것이기 때문에 주의 집중을 덜 하게 된다. 하지만 시간 간격을 두고 정보를 처리하면 그런 위험이 줄어든다. 공부하는 사람의 상태나 물리적 환경이 바뀌므로 뇌가 긴장하기 때문이다.

효율적으로 선택하고 집중할 수 있다

예를 들어 20개의 영어 단어를 외운다고 하자. 처음 20개를 외울 때는 30분이 걸렸다. 물론 점차 시간이 지나면서 외운 것을 잊게 된다. 하지만 완전히 잊는 것은 아니다. 같은 영어 단어를 두 번째 외울 때, 아직 외우고 있는 것도 있고 완전히 잊어버린 것도 있다. 또는 어슴푸레하게 기억나는 것도 있다. 두 번째 반복학습에서는 완전히 잊어버린 단어를 위주로 공부하고 아직 기억하는 단어는 한 번 훑어보는 정도로 한다. 반복학습은 일률적으로 모든 내용을 처음부터 끝까지 다 보는 단순 반복이 아니다. 따라서 첫 번째 학습에서 30분이 걸렸다면 두 번째 학습 때는 그보다 짧은 시간이 걸린다.

긴 시간 동안 많은 양을 공부하면 나중에 무엇을 잊고 무엇을 기억하는지 확인할 기회가 없다. 짧게 보더라도 반복적으로 봐야 무엇을 더 중점적으로 봐야 하는지, 무엇은 확인만 해도 되는지 스스로 알 수 있다. 다시 보았을 때 잘 기억나지 않는 것들 위주로 공부하면 공부 시간이 대폭 줄어들어 훨씬 효율적으로 학습할 수 있다.

기억 전략을 짤 수 있다

20개의 영어 단어를 암기한 뒤 나중에 보면 기억나는 것도 있고 잘 기억나지 않는 것도 있다. 그 차이는 무엇일까? 기억나는 단어에는 무언가 이유가 있다. 그 이전에 알고 있던 단어와 비슷해서 연결이 잘됐거나 어떤 식으로든 부호화가 돼 저장이 잘된 것이다. 반면에 어떤 단어가 기억나지 않는다는 것은 그 단어를 밖으로 꺼내기 위한 단서가 부족했다는 뜻이다.

여러 번 외워도 좀처럼 외워지지 않는 단어가 있기 마련이다. 그럴 때는 다른 방식으로 잊은 단어에 접근해볼 필요가 있다. 앞서 말한 여러 전략 중 적합한 부호화 방법을 사용할 수 있다. 이미지법을 활용해 머릿속에 이미지를 그려볼 수도 있고 이야기법으로 이야기를 만들어볼 수도 있다.

반복학습은 처음 공부한 방식을 그대로 되풀이하는 것이 아니라 여러 전략을 사용해 잊어버린 단어를 끌어낼 수 있는 단서를 만드는 것이다. 반복학습을 통해 잊어버린 것이 무엇인지를 알고 더 잘 기억하는 방법을 찾으면 좀 더 효율적으로 학습할 수 있다.

3장

잘 기억하려면 기억에 대해 알아라

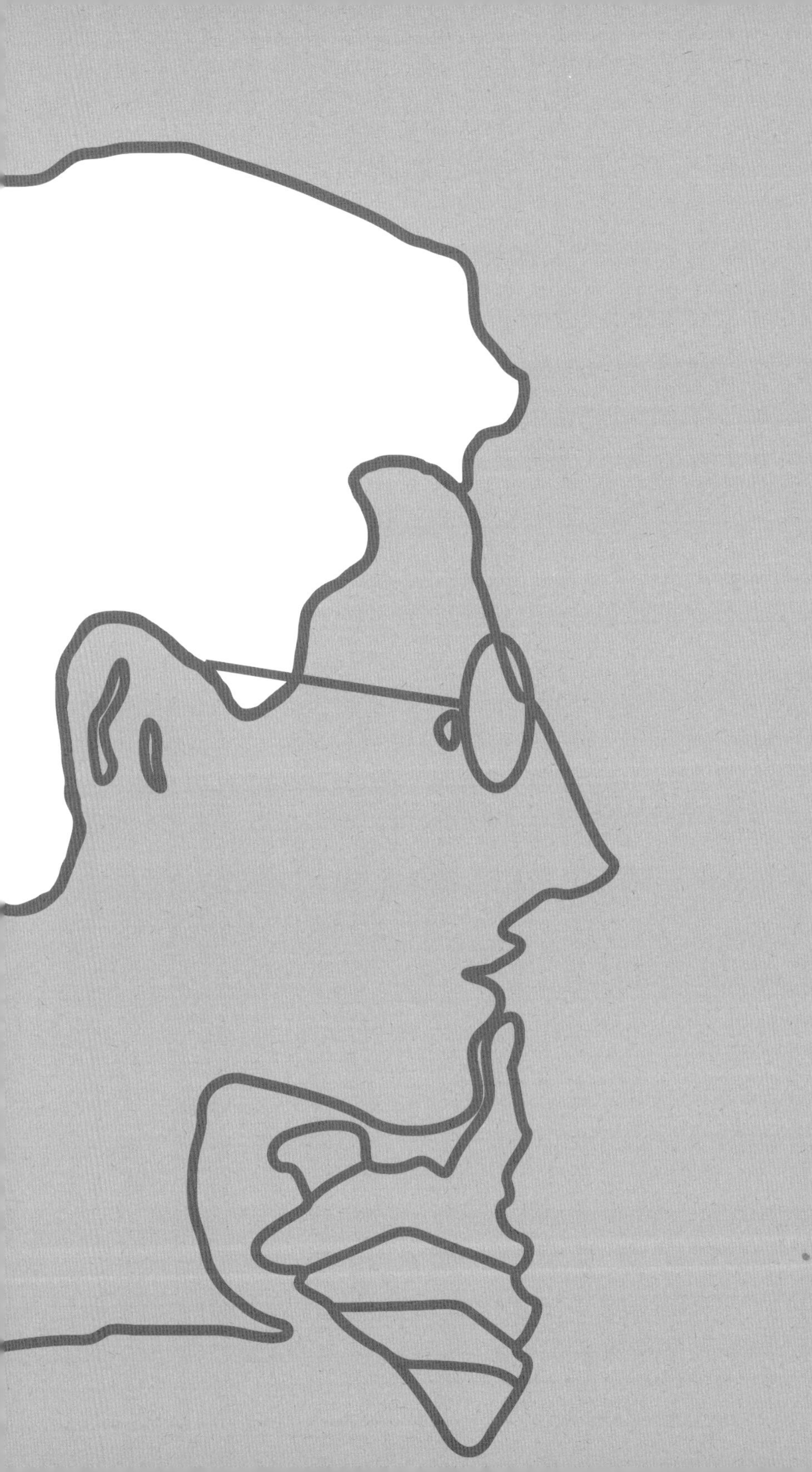

암기는 창의성의 적이 아니다

암기 위주의 학습은 오래전부터 우리 교육의 문제점으로 지적돼왔다. 우리나라 학생들은 많은 학습량과 높은 학습 수준으로 유명하다. 그런데도 우리나라가 아직 연구 분야에서 노벨상을 타지 못한 이유가 암기 위주의 학습과 객관식 시험이 창의력을 둔화시키기 때문이라는 견해가 많다.

수없이 지적됐다시피 암기는 약점이 많다. 무작정 외우기만 하면 논리가 약해진다. 또한 암기는 왜 그렇게 되는지 앞뒤를 가리지 않고 옳고 그름을 따지는 가치판단을 하지 않으며, 자신만의 사상이나 개성이 개입될 여지가 적다. 이 때문에 창의적 사고의 개발에는 부정적 영향을 미치게 된다. 그래서 요즘은 초 · 중 · 고등학교를 막론하고 모두 암기식 교육을 지양한다. 학생들도 예전보다는 외우는 양이 줄었다. 과거에는 사전을 통째 외우는 식으로 공부하는 학생이 꽤 있었지만, 요즘은 그런 식으로 공부하는 학생을 찾아보기 힘들다.

그런데 정말 암기가 창조적인 사고를 저해할까? 그렇다면 어떻게 암기가 주된 교육법인 인도나 이스라엘에서 뛰어난 인재들이 나올 수 있을까?

앞서 말했듯이 무작정 암기하는 것, 이해하지도 않고 암기하는 것, 연결하지 않고 따로따로 암기하는 것은 창의적인 학습에 도움이 되지 않는다.

물론 학습에서는 암기보다 이해가 중요하다. 하지만 내용을 이해하려면 더더욱 암기가 필요하다. 무엇을 이해하기 위해서는 무엇과 관련 있는지, 또 다른 무엇과는 어떤 점이 다른지 비교 · 분석하고 추론하는 능력이 필요하다. 이것이 어떤 범주에 들어가는지 알려면 머릿속에 숱한 데이터가 미리 입력돼 있어야 한다.

이해와 암기는 불가분의 관계다. 이해하지 않으면 암기도 어렵다. 무의미한 정보는 암기가 잘 안 되기 때문이다. 무의미한 것은 중요하지 않기 때문에 뇌는 무의식적으로 그것을 저장하지 않으려 한다. 그렇기 때문에 암기 전에 의미를 이해하는 것이 매우 중요하다. 정보를 충분히 이해한 뒤 암기하면 이미 머릿속에 들어 있는 다양한 정보들과 연결돼 암기가 더 쉬워진다.

교육에서 암기와 객관식 학습을 지양하면서 주목받는 것이 바로 토론 학습이다. 토론은 상대와 논리로 겨루는 것으로 논리에는 근거가 있어야 한다. 그럼 근거는 어디에서 찾을까? 방대한 양의 지식과 정보 저장고에서 찾는다. 암기한다는 것은 기억하고 저장한다는 말이다. 많은 양의 지식이 다른 매체의 도움을 받지 않고도 머릿속에 들어 있다는 뜻이다. 두뇌가 지식과 정보의 저장고가 되는 것이다. 학문의 기초가 되는 정보가 머릿속에 들어 있어야만 추론 능력도 생긴다.

또 하나, 머릿속의 지식과 정보의 저장고에 많은 것들이 들어 있으면 여러 유기적인 연결이 가능하다. 많은 것들이 머릿속에 들어 있어야 새로운 지식과 정보를 접했을 때 비교하고 연결하고 교류하고 융합할 수 있다. 예를 들면 진주알이 많아야 진주 목걸이도 만들고 팔찌도 만들 수 있다. 진주를 다른 방식으로 엮기도 하고 가운데에 다른 것을 끼워 넣기도 하면서 다양한 액세서리를 만들 수 있다. 어쨌든 기본은 진주알이 많아야 한다는 것이다. 즉 많이 알고 많이 저장한 뒤에야 창의적인 사고도 가능하다. 인간의 뇌는 기억을 기본으로 하기 때문이다.

인도의 교육에서 배우자

인도인들은 기억력이 우수하기로 정평이 나 있다. 많은 인도인들이 세 가지 언어, 즉 인도어와 힌디어, 영어를 구사한다. 19단 외우기가 시작된 곳도 인도다.

인도의 교육법은 전통적으로 암송이었다. 법전과 종교 경전들도 모두 암송으로 전달됐다. 우리나라 서당처럼 스승과 학생이 둘러앉아 가르침을 암송한다. 오늘날에도 인도의 초 · 중 · 고등학교 학습은 암기 위주다. 학생들은 몸을 흔들며 큰 소리로 암송하면서 지식을 쌓아간다. 인도 학생들이 외우는 분량은 대단하다. 그야말로 책을 달달 외운다.

다양성과 창조력을 필요로 하는 지식정보화 시대에 암기 위주의 교육은 시대에 뒤떨어진 교육법이 아닐까? 하지만 많은 인도인들이 다양한 분야에서 저력을 발휘하며 세계 무대를 종횡무진하고 있다. 특히 IT 산업 분야에서 인도인들의 활약은 놀라울 정도이며 인도의 경영대학원은 아시아에서 최고로 평가받는다.

그렇다면 인도의 교육법에 숨은 비결은 무엇일까? 인도의 교육법에서 암기를 중시하고 있지만 무조건 외우는 것은 아니다. 학생들은 내용을 먼저 이해하고 암송에 들어가며 암송하고 난 뒤에는 그 내용에 대해 토론한다. 그런 과정을 거치면서 인도의 엘리트들은 방대한 지식과 달변으로 협상과 설득, 프레젠테이션에서 경쟁력을 갖추게 된다.

인도에는 객관식 시험문제가 별로 없다. 주관식 시험문제와 토론으로 시험을 실시한다. 우리나라의 수능에 해당하는 시험도 90퍼센트 이상이 주관식이다. 결국 단순 암기로는 시험을 통과할 수 없다. 수업 내용을 암기한 뒤 그것을 연관지어 활용할 수 있는 능력까지 배양하는 것이 인도의 교육인 것이다.

유대인의 예시바에서 배우자

유대인 인구는 약 1,400만 명으로 전 세계 60억 명 인구 중 0.25퍼센트에 불과하지만, 노벨상 수상자는 전체 수상자의 23퍼센트나 된다. 이는 다른 나라의 인구 대비 노벨상 수상자 수와 비교했을 때 월등히 앞선다. 세계 최고의 대학으로 손꼽히는 하버드대에는 전 세계 학생들이 몰려든다. 동양인 학생 수가 모두 합쳐 5퍼센트 정도인데 반해 유대인 학생 수는 무려 30퍼센트다. 미국의 저명한 대학교수 중 20퍼센트가 유대인이고 미국의 변호사 사무실 중 40퍼센트를 유대계가 차지하며, 10억 달러 이상의 재산을 소유한 부호 중 3분의 1이 유대인으로 알려져 있다.

이 밖에도 유대인의 성공 신화는 참으로 많다. 무엇이 그들을 이토록 뛰어난 민족으로 만들었을까? 그들의 교육에서 그 해답을 찾아볼 수 있다.

예시바는 유대인의 전통적인 학습 기관이다. 예루살렘이나 유대인 거주 지역에 가면 쉽게 예시바를 찾아볼 수 있다. 예시바에 들어서면 학생들이 책상 앞에 앉아 몸을 천천히 흔들며 뭔가 중얼거리는 것을 볼 수 있다. 학생들은 이곳에서 내용을 암송하면서 성서와 고전을 배운다.

유대인 교육의 기초는 암송이지만 그들 역시 암기만으로는 부족하다고 생각한다. 유대인 격언에 '책에 쓰인 것을 암기할 뿐이라면 당나귀 등에 책을 싣고 가는 것과 다를 바 없다'는 말이 있다. 암기한 것을 스스로 해석하고 적용시키는 과정에서 사고가 확대된다는 뜻이다.

유대인은 거의 2,000년 동안 나라 없이 유랑하면서도 민족 고유의 전통과 문화를 지켜왔다. 그들은 자신들의 교리와 신념을 암송을 통해 구전했다. 수세기 동안 학자와 종교 지도자들이 해석하고 논쟁하고 답변하고 토론한 것을 엮은 책이 바로《탈무드》다.《탈무드》를 공부하는 학생들은 내용을 외우고 나면 계속 질문을 던지고 더 나은 답을 찾고 탐구하는 과정을 거친다.

유대인 학교는 암송 외에도 친구와 질문하고 답하는 '대화법'을 권한다. 친구와 질문하고 답하며 대화를 이어가면 문제에 대한 흥미가 지속되고 문제 해결 능력과 집중력도 높아진다.

몸으로 배운 것은 잊히지 않는다

흔히 '몸으로 배운 것은 잊히지 않는다'고 한다. 어릴 때 자전거 타기를 배우면 몇 년 동안 자전거를 타지 않아도 어렵지 않게 다시 탈 수 있다. 또 수영을 한번 배우면 시간이 흘러도 수영법을 잊지 않는다. 정말 몸으로 익힌 모든 것은 잊히지 않을까? 만일 그렇다면 머리로 기억한 것은 잘 잊히는데 반해 몸으로 익힌 것이 잘 잊히지 않는 이유는 무엇일까?

'몸으로 기억한다'고 표현하기는 하지만 그것 역시 뇌를 이용해 학습하고 기억하는 것이다. 물론 전혀 잊히지 않는 것은 아니다. 자전거 타기를 배우고 한참 뒤에 자전거를 다시 타면 예전 같은 실력이 나오지는 않는다. 하지만 곧 익숙해진다. 자전거 타기나 수영은 연속적인 기술이다. 하나의 사이클 안에서 연속된 동작을 반복하는 것이다. 왼발에 체중을 실어 페달을 밟았다가 오른발에 체중을 실어 페달을 밟고, 다시 왼발에 체중을 실어 페달을 밟는 식의 일정한 사이클을 가지고 있다. 이런 방식은 하나의 개별 움직임이 다음 움직임의 단서가 된다. 동작과 동작 기억이 고리처럼 이어져 있어서 하나를 시작하면 그다음이 줄줄이 이어진다. 한 동작이 다음 동작의 계기 동작이 되기 때문에 잘 잊히지 않게 된다.

똑같이 몸을 사용하는 기술이라고 해도 연속적인 기술이 아니면 망각이 잘 일어난다. 예를 들어 타이핑 기술을 생각해보자. 타이핑은 일정한 동작을 반복하는 것이 아니다. 하나의 키를 누르는 것이 그다음 키를 누르는 데 아무 영향도 주지 않는다. 1분에 몇백 타를 칠 정도였다 해도 몇 년 동안 타이핑을 하지 않으면 그 기술은 쉽게 잊힌다. 즉 타이핑 기술 같은 경우는 반복해서 사용해야만 잊히지 않는다.

의지로 기억을 지울 수 있다

오래 기억하려면 노력이 필요하다. 그런데 노력으로 잊을 수도 있을까? 말하자면 일부러 기억을 지울 수도 있을까?

누구에게나 지우고 싶은 기억이 있다. 사랑하는 사람을 떠나보낸 기억, 끔찍했던 사고의 기억, 공포와 두려움의 기억 등은 누구나 빨리 잊으려고 한다. 나쁜 기억이 계속되면 사람은 악몽의 포로가 된다. 외상 후 스트레스 장애도 끔찍했던 경험이 잊히지 않고 계속 우리의 몸과 마음에 후유증을 남기는 것이 원인이다. 이런 공포스러운 기억은 빨리 잊을수록 좋지만 강렬한 기억일수록 오랫동안 남아 우리를 괴롭힌다.

그렇다면 원치 않는 기억을 지울 수 있는 방법은 없을까? 또는 특정 기억만을 골라 인위적으로 지울 수 있을까? 공상과학영화에서는 약물을 주사해 특정 내용의 기억을 지우거나 가짜 기억을 이식하는 장면이 종종 등장한다. 이렇게 인위적으로 기억을 조정하는 것은 어디까지 가능할까?

기억을 지운다는 개념은 학자들 사이에서도 논란이 많지만, 실험을 해보면 인위적으로 잊는 것이 가능함을 알 수 있다. 뇌영상 촬영 장비가 발달하면서 학자들은 기억을 회상하고 복구하는 특별한 영역이 있다는 것을 알아냈다. 뇌 스캔을 통해 전전두엽의 특별한 영역에 해마와 편도체의 활성화를 조절하는 기능이 있음을 알게 된 것이다.

실제로 기억을 억제하는 실험도 이루어졌다. 미국 콜로라도대 연구팀은 16명의 자원자들을 두 그룹으로 나눈 후 40쌍의 사진을 제공했다. 평범한 사람의 얼굴 한 장과 자동차 사고 장면이나 전기의자, 전쟁터의 부상병처럼 끔찍한 감정을 불러일으키는 사진을 쌍으로 묶어 보여주었다. 그런 다음 한 그룹에는 평범한 얼굴 사진만을 보여주며 이것과 쌍을 이루었던 끔찍한 장면을 떠올려보라고 요구했다. 반대로 다른 그룹에는 끔찍한 장면을 생각하지 말라고 요구했다. 그 결과 끔찍한 장면을 떠올린 그룹은 전전두엽 피질이 활성화되었고 이를 떠올리지 않은 그룹은 같은 부위의 활동이 저하되었다.

이 연구 결과는 잊기로 마음먹으면 의지에 의해 잊을 수도 있음을 보여준다. 반복해서 떠올리면 피질이 활성화돼 계속 기억되는 반면, 잊으려 하면 잊히는 것이다.

카이스트의 한진희 박사 연구팀은 캐나다 연구진과 함께 기억지우기의 가능성을 찾아냈다. 연구팀의 실험 내용은 다음과 같다. 먼저 '삐' 소리가 나면 바닥에 전류가 흐르도록 해 쥐에게 공포스러운 기억을 심어주었다. 연구팀은 크랩Crab이라는 단백질에 주목했는데, 공포 반응이 나타날 때 크랩을 많이 저장한 편도체의 신경세포들이 더 활성화되는 것을 발견했기 때문이다. 연구팀이 크랩이 들어 있는 신경세포를 파괴하는 약물을 주사하자 쥐는 더 이상 공포스러운 상황을 기억하지 못했다. 이 실험을 근거로 머지않아 약물을 이용해 사람의 기억을 지우는 일도 가능할 것이라고 주장했다. 이처럼 기억을 지우는 일이 가능해지면 외상 후 스트레스 장애나 강박장애, 특정 사물에 대한 혐오증 등의 치료도 어렵지 않을 것이다.

인간과 컴퓨터의 기억은 다르다

현대인은 다양한 기억 보조 장치를 가지고 있다. 그중에서도 가장 탁월한 것이 바로 컴퓨터다. 컴퓨터의 기억용량은 인간과 비교할 수 없을 만큼 크다. 컴퓨터 성능이 더욱 발달하게 되면 컴퓨터가 인간의 뇌를 대신하게 될 수도 있지 않을까? 귀찮은 암기는 모두 컴퓨터에 맡기고 인간은 필요할 때마다 컴퓨터에서 정보를 꺼내 사용하기만 하면 되지 않을까?

하지만 컴퓨터가 아무리 진화한다 해도 인간의 기억을 모두 대신할 수는 없다. 인간의 기억과 컴퓨터의 기억은 완전히 다르기 때문이다. 인간의 기억이 지닌 특징은 불완전하다는 것이다. 인간은 완벽하게 기억하지 않고 애매하게 기억한다. 인간을 둘러싼 외부 세계는 끊임없이 변하므로 완벽한 기억은 아무 소용 없기 때문이다.

예를 들어 집에서 학교까지 가는 길을 생각해보자. 어제와 같은 길을 가고 있다고 생각하지만 어제와 완벽하게 같지는 않다. 어제는 길가에 청소차가 있었지만 오늘은 길 잃은 강아지 한 마리가 있다.

어제는 길을 걷는 사람이 많았지만 오늘은 두 사람뿐이다. 어제까지 영업하던 길가 빵집이 오늘은 내부 수리 중이다. 그래도 우리는 이 길이 어제의 그 길이라는 것을 알고 있다. 인간의 뇌는 대상이 조금 변했어도 특징이나 공통점 등을 뽑아내 같은 길이라고 판단하기 때문이다.

완전히 기억하는 것도 아니고 완전히 잊어버리는 것도 아니다. 사람의 얼굴도 애매하게 기억하기 때문에 안경을 쓰거나 수염을 기르거나 머리 모양이 바뀌거나 모자를 쓰더라도 같은 사람이라는 것을 알아본다. 만일 기억이 100퍼센트 완벽하고 정확하다면 모든 것을 새로 기억해야 할 것이다. 이것은 효율성 면에서도 바람직하지 않다. 뇌의 기억용량에는 한계가 있기 때문이다.

이것이 의미하는 바는 무엇일까? 인간의 기억은 불완전하기 때문에 응용이 가능하다. 변형될 수도 있고 다른 기억과 연관될 수도 있으며, 그래서 어느 날 새로운 것이 탄생할 수도 있다. 비슷한 것들끼리 묶고 특징만을 추출해 공통항을 뽑아내고 그것을 다시 뒤섞어 연결하는 과정에서 새로운 상상과 창조가 이루어진다. 이것은 새로운 기억이다. 앞서 축적된 애매한 기억들을 기초로 해서 지금까지 없었던 것도 상상할 수 있으며, 새로운 디자인과 아이디어가 이런 과정을 통해 탄생한다. 애매한 기억이 상상력의 토대다. 그리고 상상력을 바탕으로 미래를 구상하고 예측하고 창조해나갈 수 있다.

컴퓨터의 기억은 그렇지 않다. 처음에 넣어두었던 그 자리에 처음에 넣어둔 그 형태로 반듯하게 자리를 잡고 있다. 그리고 그 모양 그대로 인출된다. 서로 상호작용을 하지 않고 변형되지도 않는다. 컴퓨터는 지나치게 정확하기 때문에 상상을 할 수 없다.

인간의 기억이 불완전한 것은 또 다른 면에서도 중요하다. 인간의 기억은 뇌세포에 저장되지만 세포 하나에 기억 한 개가 대응해서 저장되는 것이 아니다. 만일 그렇게 저장된다면 특정 세포가 죽을 경우 그것이 담당하던 기억은 완전히 소멸될 것이다. 아주 중요한 기억이 뇌세포의 사멸로 없어진다면 일상생활에 심각한 지장이 생길 수밖에 없다. 뇌세포가 여러 가지 이유로 죽으면 기억력이 떨어지고 기억은 어슴푸레해진다. 하지만 특정 질병이 아닌 이상 정확도가 떨어지고 어슴푸레해질 뿐 기억이 완전히 사라지는 것은 아니다.

하지만 컴퓨터는 이와 다르다. 정보가 저장된 곳이 완전히 파괴되면 그 정보가 아무리 중요하다 해도 영원히 사라진다. 어떤 단서로도 그 정보를 찾아낼 수 없다. 컴퓨터에 저장된 정보를 어슴푸레하게 인출하는 경우도 없다. 정보가 있으면 있고 없으면 없으며, 한 번 지워진 것은 다시 복구할 수 없다. 이렇게 기억의 저장이 100퍼센트 정확하다는 것은 매우 불안하고 위험한 방식이다.

컴퓨터와 비교할 때 인간의 기억은 불완전하지만, 그 때문에 훨씬 위대한 일을 할 수 있다.

기억에는 어떤 것이 있을까?

기억에는 여러 종류가 있다. 기억 연구의 세계적 권위자인 캘리포니아대 스콰이어Jason E. Squire 교수는 기억을 몇 가지로 분류했다.

선언적 기억과 비선언적 기억

선언적 기억은 다른 말로는 '서술적 기억'이라고도 하는데, 이것은 지식이나 사건에 대한 기억이다. 학습으로 알게 된 사실, 즉 프랑스혁명이 일어난 해나 제2차 세계대전에 대한 지식이 선언적 기억에 속한다. 누군가의 이름을 아는 것과 어떤 일이 있었는지 등을 기억하는 것도 이에 속한다.

선언적 기억에는 의미 기억과 에피소드 기억이 있다. 의미 기억은 대한민국의 수도가 서울이라는 것이나 근의 공식처럼 학습을 통해 암기로 얻게 된 기억을 말한다. 그에 비해 에피소드 기억은 애인과 어디에서 영화를 보고 무엇을 먹었다거나 가족들과 놀이공원에 놀러 간 것과 같은 체험에 관한 기억이다. 대체로 의미 기억보다는 에피소드 기억이 더 잘 기억되는 경향이 있다. 에피소드 기억은 나와 관련된 기억이어서 감정이 함께하기 때문이다.

비선언적 기억은 '절차적 기억'이다. 여러 가지 숙련 기술이 비선언적 기억에 속한다. 자전거를 타는 법 같은 것이 이에 해당한다. 자전거를 배울 때 처음에는 자꾸 넘어지지만 곧 중심 잡는 법을 익힌다. 이것도 기억이 있어야 가능한 일이다. 악기를 연주하는 일, 조각을 하거나 그림을 그리는 일 등 오랜 기간의 연습을 거쳐 숙달되는 일도 뇌의 기억 작업이 기초가 돼야 한다.

과학자들은 뇌의 다른 부위가 다른 종류의 기억을 담당한다는 사실을 알아냈다. 뇌의 일부분이 손상되면 다른 기억에는 영향을 주지 않으면서 한 종류의 기억만 잃게 되기 때문이다.

뇌 연구자들은 해마를 절제한 몰라이슨에게 복잡한 그림을 그리는 과제를 주었다. 그는 몇 번씩이나 그림을 그리고도 자신이 그림을 그렸다는 사실을 기억하지 못했다. 하지만 그림 그리는 일이 반복되자 몰라이슨의 그림 실력은 날로 늘었다. 그림을 그렸다는 사실은 기억하지 못했지만 그림을 그리는 방법은 그의 기억 속에 남아 있었다. 이것은 뇌에서 '무엇'을 기억하는 경로와 '어떻게'를 기억하는 방법이 다르다는 것을 의미한다. 몰라이슨은 선언적 기억은 상실했지만 비선언적 기억은 남아 있었다.

진화 과정에서 보면 인간은 먼저 비선언적 기억인 '조건반사'와 '운동기능반사'를 몸에 익혔다고 볼 수 있다. 그리고 진화 과정을 통해 선언적 기억의 기능을 날로 강화시킨 것으로 보인다.

장기 기억과 단기 기억

기억은 장기 기억과 단기 기억으로 나누어볼 수도 있다. 장기 기억은 말 그대로 뇌 속에 오래 간직돼 있는 기억이다. 뇌에 선명하게 각인돼 있어 언제든지 밖으로 꺼낼 수 있다. 반면 단기 기억은 잠시 동안만 기억되는 것을 말한다. 전화번호를 불러주면 몇 초간은 기억이 가능해 받아 적을 수 있지만 잠시 후엔 잊어버리게 된다.

노인은 어릴 때 일어났던 일들은 소상히 기억하는 반면 바로 얼마 전의 일은 깜빡깜빡 잊는 일이 잦다. 어릴 때 맛있게 먹었던 음식은 기억하지만 정작 오늘 아침에 무엇을 먹었는지는 기억하지 못한다. 어린 시절 특정한 사건이 장기 기억으로 전환돼 머릿속에 각인돼 있는 반면, 오늘 아침의 일은 단기 기억으로만 존재하다 사라졌기 때문이다.

단기 기억의 기억용량은 매우 작다. 이는 단기 기억을 일시적으로 저장하는 해마와 관계가 있는데, 한 번에 기억할 수 있는 용량은 단어 5~9개 정도라고 알려져 있다. 이 기억용량은 1956년 조지 밀러George Miller가 발표한 논문 〈매지컬 넘버 7±2〉에서 밝혀져 '밀러 넘버'라고 부른다. 전화번호가 최대 여덟 자리인 이유도 이에 기인한다. 단기 기억은 여러 번 반복하는 과정을 거쳐 장기 기억으로 전환된다.

인간은 일상에서 기억해야 할 정보와 기억하지 않아도 되는 정보를 무의식적으로 선별한다. 유의미하고 중요한 내용은 장기 기억으로 전환되지만 그보다 훨씬 많은 양의 기억은 스쳐 가기만 할 뿐 금세 잊힌다.

단기 기억은 반영구적인 장기 기억으로 변환되지 않으면 완전히 사라져버리는 불안전한 기억이다. 장기 기억은 뇌에 각인돼 언제든지 꺼낼 수 있는 반면, 단기 기억은 잠깐 전의 일이라 해도 쉽게 잊어버린다. 아주 어릴 적의 일이라도 이미 장기 기억으로 전환된 일은 기억하지만,

오늘 아침에 길에서 만난 사람의 옷차림은 완전히 잊어버릴 수도 있다. 뇌의 용량은 한계가 있기 때문에 필요 없는 기억은 자동적으로 지워지기 때문이다.

단기 기억과 장기 기억은 저장 방식도 다르다. 단기 기억 과정에서는 뉴런을 연결하는 시냅스에서 강한 화학적 변화가 일어나는 것을 볼 수 있다. 그에 비해 장기 기억에서는 특정 단백질이 합성돼 새로운 시냅스가 생겨난다. 이에 대해 서울대 생명과학부 강봉균 교수팀은 '장기 기억을 되살릴 때는 이 단백질이 분해돼 단단했던 시냅스가 풀리면서 기억이 재생되는 것'이라고 설명한다.

1장

기억력과 점수를 두 배로 높이는 학습 전략

공부 때문에 공부가 방해받는다

망각에는 두 가지 이론이 있다. 첫 번째 이론은 기억흔적이 그저 사라지고 소멸된다는 것이다. 마치 오래된 비석이 바람에 깎이고 햇볕에 노출되면 비문을 읽을 수 없는 것과 같다. 두 번째 이론은 기억흔적이 그 후에 들어온 다른 정보들 때문에 망각된다는 것이다. 즉 정보들의 간섭으로 망각이 일어난다는 이론이다.

학습의 방해 요소로 여러 가지를 들 수 있다. 아이러니하게도 학습은 학습 때문에 방해를 받기도 한다. 너무 많은 것을 공부하다 보니 공부 자체가 어려워지기 때문이다. 학습이 다른 학습을 방해하는 현상에는 '역행 억제'와 '순행 억제'가 있다.

'영어 1' 교과서와 '영어 2' 교과서를 연달아 공부한다고 해보자. 먼저 공부한 영어 1 교과서 내용은 나중에 공부한 영어 2 교과서 내용보다 덜 기억난다. 국사의 경우 조선시대 공부를 하다보면 그전에 공부한 고려시대 이야기는 까맣게 잊을 수도 있다.

또 국어를 먼저 공부하고 나중에 국사를 공부하면 국사 내용이 앞서 공부한 국어 내용에 대한 기억을 방해하기도 한다. 이처럼 나중에 학습한 내용이 기존의 것을 회상하는 데 방해가 되는 현상을 역행 억제라고 한다. 공부한 시간이 흘렀기 때문에 국어의 기억을 잊어버린 것이 아니라 새로 공부한 국사의 정보가 앞서 공부한 국어 정보의 재생을 방해하기 때문이다.

간단한 실험으로 역행 억제를 살펴볼 수 있다. 성적이 비슷한 학생들을 두 그룹으로 나누어 단어를 외우게 했고, 테스트 결과 두 그룹의 성적에는 차이가 없었다. 다음에는 첫 번째 그룹은 다른 단어를 외우게 하고 두 번째 그룹은 그냥 쉬게 했다. 쉬는 시간이 끝나고 처음 기억했던 단어에 대한 테스트를 다시 실시했다. 그러자 다른 단어를 더 공부한 첫 번째 그룹이 휴식을 취한 두 번째 그룹에 비해 훨씬 낮은 성적이 나왔다. 첫 번째 그룹은 새로운 것을 외우느라 앞서 외운 것들을 잊어버렸기 때문이다.

순행 억제는 먼저 배운 내용이 나중에 배운 내용의 기억을 방해한다는 것을 의미한다. 국어를 공부한 뒤 국사를 공부하면 앞서 공부한 국어 정보 때문에 국사 정보를 기억하기 어렵다. 이는 역행 억제와는 반대되는 현상으로 앞서 저장된 정보가 뒤에 공부한 정보의 재생을 방해하기 때문이다. 어떤 사람의 전화번호를 한번 기억해두면 후에 그 사람의 전화번호가 바뀌어도 이전 번호만 기억나고 새로 바뀐 번호는 기억나지 않는 경우가 많다. 이것이 바로 순행 억제가 일어난 경우다.

역행 억제와 순행 억제는 학습에서 흔히 나타나는 현상이다. 그렇다고 해서 억제를 줄이기 위해 일부러 한 가지만 공부할 수도 없는 일이다. 역행 억제와 순행 억제의 특징을 자세히 알면 그것들을 조금이라도 줄이는 데 도움이 될 것이다.

억제는 학습의 정도가 얼마나 비슷한가와 관계가 있다. 우선 앞서 공부한 것과 나중에 공부한 것의 내용이 비슷할 때는 순행 억제가 잘 일어나지 않는다. 비슷한 내용을 연이어 공부하는 것이므로 앞서 공부한 내용이 뒤에 공부한 내용을 간섭하는 일이 적어진다. 순행 억제가 없으니 기억하는 데 방해받지도 않는다. 하지만 비슷한 내용을 공부할 경우 역행 억제가 일어나기 쉽다. 뒤에 공부한 것만 머리에 남고 앞서 공부한 것은 잊어버리게 된다.

반면 선행 학습과 후속 학습의 내용이 전혀 다를 때는 역행 억제의 발생이 감소한다. 아예 분야가 다르므로 선행 학습을 방해하는 정도가 약하다.

어떻게 해야 공부할까? 비슷한 내용을 연이어 공부하면 순행 억제는 없어도 역행 억제가 일어날 것이고, 다른 내용을 공부하면 역행 억제는 없지만 순행 억제가 없어서 생기는 이득도 없다.

영어 단어를 공부하고 영문법을 연이어 공부하면 비슷한 내용이

기 때문에 순행 억제는 일어나지 않는다. 오히려 도움이 될 수도 있다. 그렇다면 영어 공부를 한 뒤 수학 공부를 하면 어떨까? 아주 다른 내용이므로 역행 억제가 일어나기 어렵다.

선행 학습과 후속 학습의 내용이 비슷하면서도 어느 정도는 다른 경우, 이를테면 영어를 공부하고 그다음에 독일어를 공부하면 서로 간섭하는 정도가 심해진다. 영어 수업에 이어 곧장 독일어 수업을 하면 독일어를 영어 발음으로 읽는 일이 자주 생긴다. 즉 Was(바스)를 Was(워즈)라고 읽는 식이다. 반대로 Morgen(모건)을 Morgen(모르겐)으로 읽기도 한다. 서로 간섭해서 억제가 일어나는 경우다.

그렇다면 계획표를 어떻게 짜야 할까? 완전히 같은 공부를 하거나 시간에 따라 전혀 다른 계열의 공부를 하는 것이 망각을 줄이는 데 도움이 된다. 영어 다음에 독일어, 일본어 다음에 한자, 국사 다음에 세계사 등 엇비슷한 과목을 연이어 공부하면 억제가 많이 일어난다.

단어장을 뒤섞어라

10개의 단어를 암기하는 경우를 생각해보자. 쉽게 기억할 수 있는 것과 그렇지 않은 것이 있다. 흔히 맨 처음에 외운 것과 맨 마지막에 외운 것은 기억이 잘 나고 중간에 외운 것은 잊기 쉽다. 역시 순행 억제와 역행 억제 때문이다. 먼저 외운 것이 나중 것을 지우거나 나중에 외운 것이 먼저 것을 지우는 것이다.

억제를 막기 위해 공부 순서에 변화를 주는 방법이 있다. 순서를 하나씩 밀려서 외우는 것이다. 만약 단어 10개를 외운다면 1번부터 10번까지 외우고 그 다음에는 2번부터 외워서 마지막에 1번으로 돌아가는 식으로 하나씩 밀려 외우면 된다. 단어장을 사용한다면 단어장 순서를 가끔씩 바꾸는 것도 방법이다. 그렇게 반복하면 순서에 상관없이 모든 단어를 잘 기억할 수 있다.

암기 과목을 공부할 때는 중요하고 핵심적인 내용을 제일 처음과 끝에 보는 것이 좋다. 처음에 중요한 개요를 보고 세세한 것을 공부한 뒤 마지막에 다시 개요를 훑어보는 것도 큰 도움이 된다.

휴식도 중요한 학습 전략이다

공부하는 시간만큼 쉬는 시간도 중요하다. 몇 시간 동안 쉬지 않고 공부하면 오히려 집중력과 기억 효율이 떨어진다. 개인차가 있겠지만, 일반적으로 사람이 집중할 수 있는 시간은 30분에서 한 시간 정도다. 이 시간을 넘어서면 집중력이 떨어지고 한번 떨어진 집중력을 다시 끌어올리는 것도 쉽지 않다. 따라서 공부 계획을 세울 때는

30~40분 정도의 작은 단위로 쪼개서 하는 것이 효과적이다. 공부하는 중간 중간에 반드시 휴식 시간을 끼워 넣되, 너무 길어지지 않도록 주의해야 한다. 휴식 시간이 너무 길어지면 오히려 공부의 흐름이 끊기므로 10분 정도로 제한하는 것이 좋다.

휴식 시간 계획을 짤 때는 어려운 과목은 '시간 제한법'을, 쉬운 과목은 '과업 제한법'을 활용하는 것이 좋다. 시간 제한법이란 공부하는 시간을 몇 시간, 몇 분으로 정해놓고 쉬는 방법이다. 이를테면 한 시간 공부하고 쉬겠다고 예정하고 학습하는 것이다. 그에 비해 비교적 쉬운 과목을 공부하거나 단순 암기를 할 때는 과업 제한을 하는 것이 더 효과적이다. 이를테면 영어 단어나 한자 20개를 외운 다음 쉬겠다고 계획하는 것이다. 과업 제한법을 훈련하면 암기에 걸리는 시간이 점점 짧아지는 것을 경험할 수 있다.

휴식은 집중력뿐 아니라 기억을 저장하는 기회를 가진다는 측면에서도 중요하다. 낮 동안 학습한 것이 장기 기억으로 전환되려면 잠이 절대적으로 필요하다는 사실은 널리 알려져 있다. 그런데 밤의 수면 못지않게 낮에 깨어 있는 상태에서의 휴식도 기억 저장에 중요하다.

뉴욕대 신경과학과 릴라 다바치Lila Davachi 박사는 깨어 있는 상태에서의 기억 저장에 대한 실험을 실시했다. 지원자들에게 여러 가지 영상을 20분 동안 보여주고 8분 동안 눈을 뜬 채 쉬게 했다. 그리고 영상을 보여주기 전과 영상을 보는 도중, 그 후 쉬는 동안의 뇌 활동을 FMRI으로 관찰했다. 영상을 보기 전 평온했던 뇌는 영상을 보는 동안 해마와 시각 피질 사이의 상호작용이 활발해지는 변화를 보였다. 그런데 영상을 보고 나서 쉬는 동안에도 이런 상호작용은 계속됐다. 지원자들은 휴식 시간에 자신들이 본 영상을 생각하지 않았다고 했지만, 앞서 학습한 내용에 대한 저장이 계속 진행되고 있었다.

쉬는 시간은 공부한 내용을 이해하고 저장하는 데 도움을 준다. 그러므로 강도 높은 학습을 하고 난 뒤에는 잠시 휴식하는 것이 학습 효율을 높이는 방법이다. 공부하다가 잠시 쉴 때는 명상이나 스트레칭 등의 가벼운 운동을 하는 것이 좋다. 컴퓨터게임을 하거나 TV를 보는 것은 뇌의 휴식에 도움이 되지 않는다. 영상과 소리로 많은 자극이 한꺼번에 들어오기 때문이다.

다양한 환경에서 공부해라

상태 의존적 학습이라는 말이 있다. 특정한 상태에서 학습된 것은 그 상태가 지나가면 상실된다는 뜻이다. 즉 특정한 상태에서 학습된 것은 그와 같은 상태가 만들어졌을 때 기억할 수 있다.

여기에 교통사고 목격자가 있다고 해보자. 그는 사고를 목격했을 당시에는 사고 차량의 색깔이나 차종, 차 번호까지 다 외울 수 있었다. 그런데 막상 경찰서에서 진술을 하려니 도통 기억이 나지 않는다. 이때 경찰이 목격자를 사고가 일어난 시간대에 사고가 일어난 장소로 데려간다. 이렇게 주변 상황을 사고 당시와 비슷하게 만들어주면 목격자는 놀랍게도 잊었던 사고 장면을 자세히 설명할 수 있다.

이런 예는 일상에서도 많이 찾아볼 수 있다. 교실 안에서는 친구들의 이름을 모두 기억할 수 있다. 그런데 교실이 아닌 뜻밖의 장소에서 같은 반 친구를 만나면 도무지 이름이 기억나지 않을 때가 있다. 그러다가 교실에서 그 친구를 다시 만나면 이름이 기억난다. 마찬가지로 침대에 누워서 중얼중얼 외웠던 것은 똑같은 상태로 침대에 누웠을 때 더 잘 기억난다.

알코올과 관련해서 상태 의존적 기억을 보이는 경우도 많다. 어떤 사람이 술에 취한 상태에서 비상금을 깊숙이 숨겨두었다. 그런데 술이 깨고 나니 어디에 돈을 두었는지 아무리 해도 기억이 나지 않았다. 하지만 다시 술을 마시고 취하면 그는 비상금 둔 곳을 갑자기 기억해낸다. 이것은 학습하는 사람의 변화가 망각에 영향을 준다는 것을 뜻한다. 이를 증명하는 연구가 있다.

도널드 오버턴Donald Overton은 쥐들에게 진정제를 준 다음 단순한 T자형 미로를 달리도록 훈련시켰다. 그런데 진정제의 효과가 다 떨어지자 쥐들이 미로에서 길을 잃었다. 학습한 것을 망각한 것이다. 이때 진정제를 다시 투여하니 놀랍게도 미로를 잘 찾아갔다.

그렇다면 사람을 대상으로 한 연구도 있을까? 정서 상태의 변화가 상태 의존적 기억을 만든다는 사실을 증명하는 연구가 있다. 고든 바우어Gordon Bower는 사람들에게 단어 목록을 주고 하나는 기분이 좋을 때 암기하고 다른 하나는 우울할 때 암기하게 했다. 나중에 단어를 회상하게 했을 때 단어를 암기할 당시의 기분과 일치할 때는 성적이 좋았고, 그렇지 않을 때는 성적이 나빴다. 기분 좋을 때 외운 단어는 기분 좋을 때 기억나고 우울할 때 외운 단어는 우울할 때 기억났던 것이다.

우울할 때면 특정 생각이 떠올라 괴로워하는 사람이 있다. 평소에는 잊고 지내다가 비만 오면 어떤 것이 기억난다는 사람도 있다. 모두 상태 의존적 기억들이다.

이것을 학습과 연관시켜 생각해보자. 우리는 하루 동안 많은 환경의 변화를 경험한다. 학교에도 가고 길을 걷기도 하고 집으로 돌아와 잠을 자기도 한다. 또한 똑같은 교실에 앉아 있다 해도 교실이 조용할 수도 있고 시끄러울 수도 있으며, 날씨가 좋을 수도 있고 바람 불고 비가 올 수도 있다. 기분이 좋을 수도 있고 엉망일 수도 있다. 어떤 경우라도 학습하는 환경이 전과 완벽히 같을 수는 없다.

우리는 학습한 내용을 다양한 상황에서 사용한다. 공부는 자기 방과 학교 교실에서 했지만 시험은 낯선 학교의 낯선 교실에서 치르게 되는 경우도 있다. 우리는 도서실이나 침대에서, 심지어 화장실에서도 공부할 때가 있다. 그런데 화장실에서 공부한 것은 화장실에서만 기억난다면 난감한 일이 아닐 수 없다.

상태 의존적 학습은 우리가 다양한 환경에서 공부할 필요가 있다는 것을 말해준다. 우리가 공부한 역사적 지식은 교실에서 시험을 볼 때도 필요하지만, 여행을 떠나서도 필요하고 친구들과의 대화에서도 필요하다. 역사 공부를 할 때 반드시 내 방, 내 책상에서 잔잔한 음악을 틀어놓아야만 한다면 공부한 내용을 다른 환경에서 인출하기가 어렵다. 즉 공부하는 환경을 너무 까다롭게 따지면 공부한 내용을 나중에 기억해내기가 어렵게 된다.

따라서 어디에서나 자유자재로 우리가 학습한 것을 인출해내려면 더 다양한 장소, 다양한 시간, 다양한 기분 상태에서 공부할 필요가 있다. 그렇게 한다면 주변 상황이나 기분 변화에 상관없이 제 실력을 발휘할 수 있다.

프라이밍

프라이밍Priming이란 기억을 불러일으키는 계기를 말한다. 우리는 일상생활에서 자주 깜빡깜빡한다. 기억 속에서 아주 지워진 것은 아니지만, 머릿속에서 또는 혀끝에서 뱅뱅 맴돌기만 하고 밖으로 나오지 못할 때가 많다. 냉장고 문을 열었는데 뭘 꺼내려고 했는지 기억나지 않거나 급하게 나가야 하는데 열쇠나 휴대전화를 어디 두었는지 기억나지 않을 때도 많다.

이때 가장 좋은 프라이밍은 깜빡하기 바로 전의 상황을 만드는 것이다. 즉 식탁을 차리다가 뭔가 꺼낼 것이 있어 냉장고로 갔으나 막상 냉장고 문을 여니 무엇을 꺼내려 했는지 기억나지 않는다면 다시 식탁 앞으로 간다. 식탁을 바라보면 무엇을 꺼내려 했는지 기억이 난다. 만약 열쇠 둔 곳을 잊었다면 전날 저녁에 집에 들어오고 난 이후의 경로를 되짚어본다. 현관에 들어서서 안방으로 갔고, 옷을 벗어서 장롱에 걸었고 하는 식으로 되짚어가면 열쇠 둔 곳을 기억해낼 수 있다. 이 역시 기억의 상태 의존성 때문에 일어나는 일이다.

다양한 자극이 기억력을 높인다

사람은 정보를 받아들이는 통로가 다양하다. 눈으로 보고 귀로 듣고 코로 냄새를 맡는다. 입으로 맛볼 수도 있고 손으로 만져볼 수도 있다. 다양한 자극은 뇌의 여러 경로를 통해 몇 단계 처리 과정을 거쳐 기억된다. 자극은 따로 분리돼 있을 때보다 종합적으로 한꺼번에 들어올 때 훨씬 더 강해진다.

잘 익은 사과를 눈으로 보고, 코로 상큼한 향을 맡고, 손으로 사과의 질감을 느낀다. 그리고 새콤달콤한 사과를 맛본다. 나중에 사과 냄새를 맡으면 사과를 먹었던 기억이 되살아난다. 붉은색을 보는 것만으로도 사과가 생각나게 된다. 사과를 보기만 하거나 냄새를 맡기만 한 것보다 먹어보고 만져보면 기억이 더 잘된다. 자극이 여러 가지면 기억이 오래가고 강하게 입력된다. 주로 시각 이미지가 기억의 중심 줄기가 되지만 이 밖에도 청각과 촉각, 후각, 미각 등의 다양한 감각이 기억을 보강한다.

무엇을 기억하려고 할 때는 자신의 모든 감각을 총동원하는 것이 유리하다. 시험공부를 하면서 내용을 외울 때는 단순히 책을 눈으로 보지만 말고 큰 소리로 읽는 것이 더 유리하다. 자신의 목소리가 청각 이미지로 기억에 남기 때문이다. 소리 내어 읽고 종이에 직접 쓰고 표나 그래프, 그림으로 시각화한다. 이것이 이미지를 선명하게 하는 기술이다. 이미지를 선명하고 다양하게 만들면 해마가 활성화돼 쉽게, 오래 기억할 수 있다.

이와 관련된 실험도 있다. 2개의 드라이브 코스 중 한 코스로는 혼자서 자동차를 운전해 가고, 다른 코스로는 자동차에 가족을 태우고 이야기를 나누며 운전해 갔다. 어떤 드라이브 코스가 더 기억에 남았을까? 예상대로 답은 가족을 태우고 갔을 경우다. 혼자 운전하며 갈 때는 시각 이미지만 있다. 운전석에서 보이는 거리 풍경을 혼자 보는 것이 전부다. 그런데 가족을 태우고 갈 경우 여기에 청각 이미지가 더해진다. 대화를 나누었던 청각 이미지와 운전석에서 보이는 시각 이미지가 연동돼 어디쯤 지날 때 어떤 이야기를 했다는 사실까지 선명하게 기억난다.

예습은 휘리릭 복습은 꼼꼼히 해라

선생님들은 항상 예습과 복습의 중요성을 강조한다. 학습에서는 당연히 둘 다 중요하다. 하지만 예습을 선행 학습이라고 생각해서는 안 된다. 선행 학습은 교과 진도보다 먼저 진도를 나가며 심화 학습까지 하는 것이지만, 예습은 교과 진도에 맞춰 배울 내용의 핵심만 가볍게 살펴보는 것이다. 많은 학생들이 선행 학습을 하고 있지만 그것을 할 경우 수업에 흥미를 잃을 수도 있어 오히려 공부에 방해가 되기도 한다. 그러므로 '어디서 들어는 본' 정도의 예습이 호기심과 흥미를 가지고 수업에 적극적으로 참여할 수 있게 해준다. 예습은 한 번 훑어보는 정도로 '휘리릭' 하는 것이다.

기억에서 반복학습이 지니는 위력을 생각할 때 복습은 매우 중요하다. 복습은 공부한 것을 저장하는 것이기 때문에 꼼꼼히 하는 것이 좋다. 배운 내용 중에서 중요한 부분과 자신의 부족한 부분을 파악한 뒤 집중적으로 복습하도록 한다.

그런데 복습을 너무 늦게 하면 효과가 거의 없다. 무엇을 배우고 난 뒤 한 달 이상 공백을 두고 복습하면 그것은 더 이상 복습이 아니다. 이미 80~90퍼센트 이상을 잊어버렸기 때문이다. 복습을 제대로 하려면 배운 그날 복습하고 일주일 후 한 번 복습, 이주일이 지난 후 다시 한 번 복습, 그리고 한 달 뒤 다시 복습하는 것이 좋다.

사실 누구나 예습과 복습의 중요성을 강조하지만 실천하기가 쉽지 않다. 하루에 단 10분이라도 예습과 복습을 하는 습관을 들이고 그 시간을 점차 늘려간다면 성적 향상에 큰 도움이 될 것이다.

함께 공부해라

함께 공부하라는 것은 독서실이나 교실에 모여 앉아 각자 서로 다른 공부를 하라는 뜻이 아니다. 모여서 같은 공부를 하는 시간을 가지라는 의미다.

2010년 내셔널 스펠링 비 대회에서 준우승을 차지한 이성환 학생은 자신의 영어 공부 비결로 '롤플레잉Role-playinig'을 들었다. 영어로 된 소설을 읽을 때 단순히 책을 읽는 데서 그치는 것이 아니라, 친구와 함께 역할을 나누어 연극을 하듯 읽는다. 성환이는 친구들과 영어 소설책 속의 대사를 나누어 같이 연기하며 본문의 대사를 통째로 외웠다. 이처럼 상황 속에서 외운 문장은 오래 기억에 남아 다른 생활 영어에도 활용할 수 있다.

롤플레잉은 여러 면에서 기억력을 향상시킨다. 우선 캐릭터를 맡아 연기하면 영어 문장에 감정과 동작을 담을 수 있다. 감정과 동작을 함께 기억하는 방법은 회상을 쉽게 해주는 비결이다. 지겹게 외우는 것이 아니라 친구와 함께 노는 것이므로 흥미를 가지고 즐겁게 공부할 수 있다. 영어 문장을 통째로 외우는 것은 기억법 중 청크법을 사용하는 것과 같다. 단어를 따로따로 기억하는 것이 아니라 문장 덩어리로 기억함으로써 다른 상황에서도 쉽게 응용할 수 있다. 또한 친구와 함께 연극했던 추억은 에피소드 기억이기 때문에 더 오래 기억된다. 학습을 통해 얻는 의미 기억보다는 경험이나 체험을 통해 얻는 에피소드 기억이 더 오래 지속되는 것이다.

성환이가 하고 있는 롤플레잉은 외국어 학습뿐 아니라 여러 분야에서 활용되는 방법이다. 기업에서도 고객 응대법이나 영업력 강화 부문, 리더십 강좌에서도 흔히 롤플레잉을 사용한다. 실제와 비슷한 장면을 다양하게 미리 체험함으로써 실제로 경험을 쌓은 것과 같은 효과를 낼 수 있기 때문이다.

롤플레잉 외에도 요즘 주목받고 있는 토론 학습, 프레젠테이션 등도 기억을 오래 지속하는 좋은 방법이다. 토론이나 프레젠테이션을 하면 상대방에게 의미를 전달하기 위해 신체적 · 정신적 · 감성적인 채널을 총동원하게 된다.

함께 모여 같이 공부하는 방식은 참여하는 사람에게 다양한 자극을 주고 능동적으로 학습에 참여하게 하며, 의미 기억을 에피소드 기억으로 바꾸게 한다. 이런 방법을 통해 기억력을 한 단계 끌어올릴 수 있다.

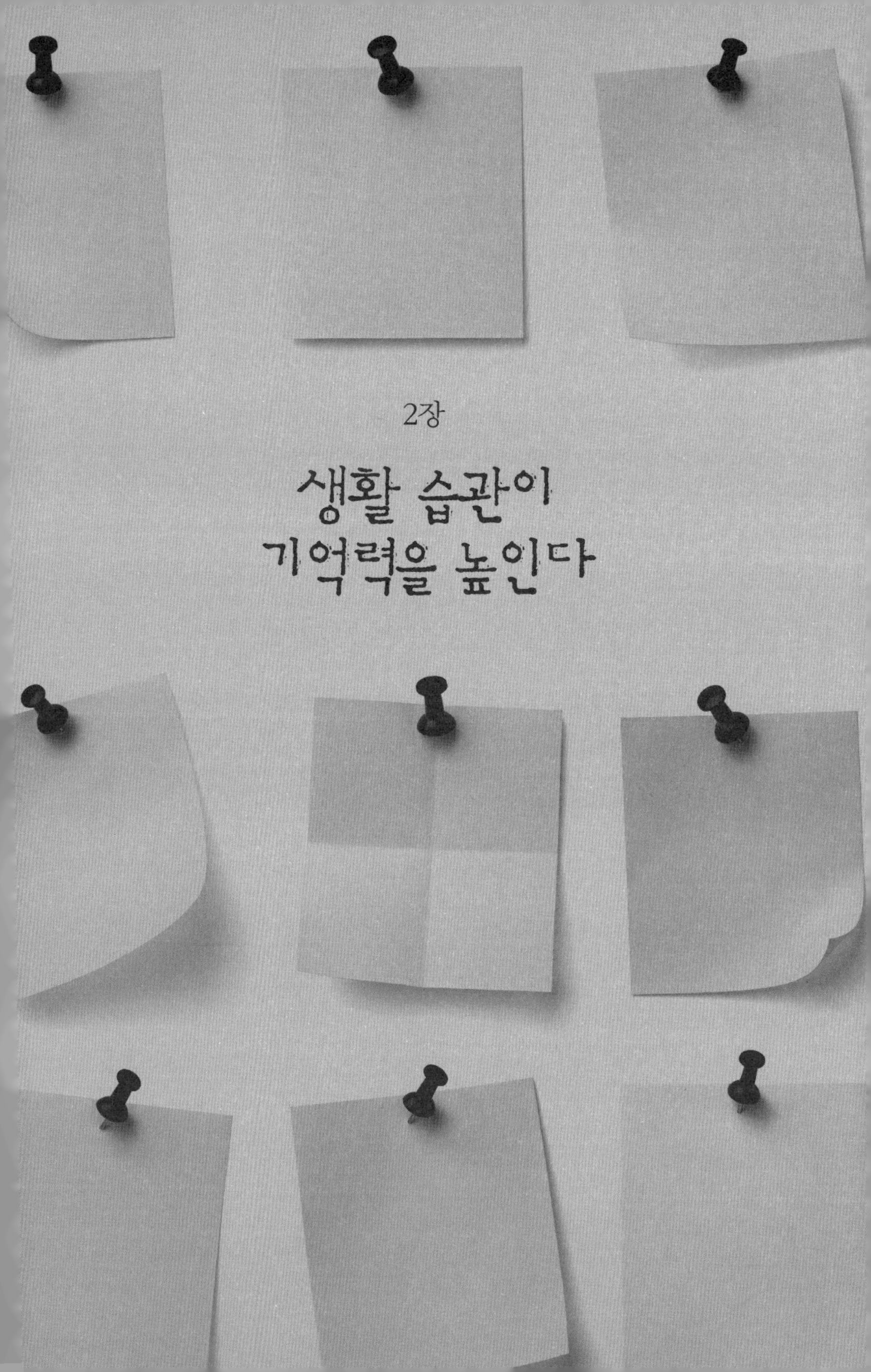

2장

생활 습관이 기억력을 높인다

외우는 연습을 해라

기억력은 노력에 의해 개선될 수 있다. 특별한 훈련이나 의학적 치료가 없이 잘못된 학습 방법이나 습관을 개선하는 것만으로도 기억을 잘하는 뇌를 만들 수 있다

팔씨름을 잘하려면 어떻게 해야 할까? 팔씨름할 때를 대비해 괜한 일에 힘을 낭비하지 말고 팔을 가만히 쉬게 놔두어야 할까? 팔을 쓰지 않으면 팔심은 점점 약해진다. 팔을 다쳐서 한동안 깁스를 하면 그 팔의 굵기는 확연히 느껴질 만큼 가늘어진다. 이처럼 우리의 몸은 쓰지 않으면 퇴화한다.

팔심을 기르려면 매일 덤벨이나 생수병을 위로 들어올리기, 옆으로 들어올리기 등의 팔운동을 하면 된다. 그리고 익숙해지면 들어올리는 횟수를 늘리고 무게를 올린다. 그러면 자신도 모르는 사이에

팔심이 강해진다.

두뇌도 마찬가지다. 머리를 많이 사용하면 머리가 좋아진다. 연구에 따르면 오랫동안 학습에 매진한 학자나 복잡한 의사결정을 해온 CEO들은 그렇지 않은 사람들에 비해 노년의 뇌 기능이 훨씬 양호한 것으로 나타났다. 심사숙고하고 비교 분석하고 암기하고 회상하는 등 뇌를 활발하게 사용한 사람은 뇌의 기능이 양호하다.

미국의 신경과 의사 리처드 레스텍은 다음과 같이 말한다.

"두뇌는 많이 쓸수록 더 잘 움직이고 우리의 기분 역시 좋아진다. 게다가 두뇌는 다른 신체 기관과 달리 반복 사용해도 결코 닳지 않는다. 자극을 주면 줄수록 오히려 더 좋아진다. 이러한 관찰을 바탕으로 두뇌 활동의 기본 원칙 하나를 찾을 수 있다. '사용하라, 그러지 않으면 잃을 것이다!'라는 원칙이다."

평소에 외우는 연습을 하면 기억력도 강해진다. 매일 뭔가를 외우려고 노력하면 머릿속의 기억 창고는 점점 넓어지며, 외우는 기술도 스스로 터득하게 된다.

휴대전화는 신이 아니다

자신의 휴대전화를 들여다보라. 몇 명의 전화번호가 등록돼 있는가? 그 전화번호 중에서 자신이 외울 수 있는 것은 몇 개나 되는가?

요즘은 전화번호를 외우는 사람이 드물다. 손안의 휴대전화에 번호가 등록돼 있으니 따로 외울 필요가 없기 때문이다. 자주 거는 번호도 이름을 검색해서 걸거나 단축번호를 누르기 때문에 번호가 저절로 외워질 기회도 사라졌다.

요즘 휴대전화는 통화 외에도 많은 일을 한다. 동영상이나 음악을 재생하거나 게임을 실행할 뿐 아니라 목적지나 유명 음식점도 찾아준다. 무엇보다도 휴대전화는 저장이 간편하다. 기억하고 싶은 장면은 사진을 찍어 저장하고 기억하고 싶거나 기억해야 할 말은 녹음해서 저장한다. 우리가 외워야 할 모든 것과 남겨두고 싶은 모든 것을 휴대전화가 대신 기억해주는 세상이다.

어떤 것에 의존하면 할수록 그만큼 종속당하게 된다. 휴대전화에 너무 의존했다가는 휴대전화 배터리가 닳거나 고장이 났을 때, 휴대전화를 잃어버렸을 때 공황 속에 빠지게 된다. 아무 일도 할 수 없게 되는 것이다. 휴대전화가 없는 경우 하루 종일 공부든 일이든 손에 잡히지 않는다면 이미 기기에 종속됐다고 할 수 있다.

전자 기기는 우리의 뇌를 도와주는 역할을 하지만 뇌의 기능을 완전히 대신해줄 수는 없다. 그러므로 기억해야 할 것은 스스로 기억하는 습관을 들여야 한다. 가까운 사람의 경우는 단축키를 사용하거나 이름으로 검색하지 말고 직접 번호를 외워 전화하는 습관을 들여야 한다. 또한 좋은 풍경을 보면 무조건 사진을 찍기보다는 눈으로 보고 음미하면서 기억하는 습관을 들이면 훨씬 더 풍성한 감흥을 느낄 수 있다.

다시 말하지만 두뇌 창고를 많이 채우면 채울수록 창고는 점점 더 넓어진다. 창고를 계속 비워두면 나중에는 꼭 필요한 물건도 창고 안에 채울 수 없게 된다.

메모는 기억을 확인하는 용도로 쓰자

우리는 기억하기 위해 많은 기억 보조 장치를 쓴다. 달력에 동그라미를 쳐놓기도 하고 수첩에 기록해두기도 한다. 알람을 쓰기도 하고 가스레인지를 끄는 시간을 잊지 않기 위해 타이머를 쓰기도 한다. 그중에서도 가장 전통적이면서 많이 이용하는 방법은 메모다.

메모는 아주 중요한 습관이다. 무엇이든 꼼꼼하게 메모하면 일상생활에서의 실수를 줄일 수 있고 스쳐 지나가는 생각을 붙잡아둘 수도 있다. 자기관리법을 다룬 책에서는 대부분 메모의 중요성을 강조한다. 글을 쓰려는 사람에게 가장 먼저 권하는 방법도 메모를 생활화하라는 것이다.

하지만 무조건 메모에만 의지하는 것은 우리의 뇌를 게으르게 만드는 길이다. 다음 날 학교에 가져가야 할 준비물이 다섯 가지라면 일단 메모하고 그것을 기억한다. 그런 다음 집에 돌아와서 메모를 보지 않고 준비물을 챙긴다. 다섯 가지였다는 것을 염두에 두고 기억에 의지해 준비한다. 이때 네 가지는 챙겼는데 나머지 하나가 뭐였는지 기억나지 않는다면 그때 메모지를 봐도 된다.

보조 장치는 말 그대로 보조적인 수단으로만 쓴다. 먼저 뇌로 기억하고 부족할 때 그것을 도와주는 장치로 이용해야 한다. 평소에 단련하지 않으면, 외우는 습관을 들이지 않으면 암기력을 잃어버릴지도 모른다.

익숙한 것과 결별해라

매일매일 똑같은 공간에서 똑같은 생활만 반복하면 우리 뇌는 어떻게 반응할까? 매일 똑같은 환경에서 공부하면 기억이 더 잘 될까?

공부를 하기 전 조건을 꼼꼼히 따지는 사람들이 있다. 편안한 의자와 책상이 있어야 하고 조명의 밝기는 어때야 하며, 반드시 자기 소유의 책과 펜이 있어야 한다는 사람들도 있다. 잔잔한 음악이 있어야 한다는 사람이 있는가 하면 아주 작은 소음도 참지 못하는 사람, 꼭 먹을 게 있어야 공부가 된다는 사람도 있다.

가장 공부가 잘되는 환경을 찾는 것은 좋다. 하지만 늘 원하는 환경을 찾는 것이 쉬운 일은 아니다. 자습 시간에 교실이 시끄럽다고 해서 당장 책가방을 싸 조용한 집으로 올 수 있는 것도 아니다. 음악이 있어야 공부가 잘된다고 해서 도서실에 음악을 틀어놓을 수는 없다. 자기 몸에 익숙한 책상과 의자가 아닌 낯선 자리에 앉아 공부해야 하는 경우도 많다. 편안하고 익숙한 환경에서만 공부를 하면 낯선 상황에서는 학습의 효율이 떨어진다. 또 몸과 마음이 편안하면 뇌도 같이 편해져서 긴장감이 떨어지게 된다.

뇌는 긴장감이 있을 때 더 활력 있게 움직인다. 낯익은 동네를 산책할 때와 낯선 곳으로 여행을 갔을 때를 비교해보자. 동네에서는 그저 별 생각 없이 걷기만 하다 돌아오지만 여행지에서는 다르다. 끊임없이 둘러보고 듣고 느끼고 저장한다. 온몸의 감각이 예민해지고 집중력도 강해진다. 낯설기 때문에 뇌가 더 긴장하고 더 많이 활동한다. 여행을 통해 많은 것을 느끼고 깨달음을 얻었다고 말하는 것은 뇌가 긴장하면서 많은 생각을 한 결과다.

긴장을 즐기면 어떤 상황에서도 효율적으로 학습할 수 있다. 흔들리는 지하철 안에서도 시끄러운 점심시간에도 화장실에서도 길을 걸으면서도 외부의 방해를 이겨내며 공부할 수 있다.

한 번에 한 가지 일만 해라

사람들은 과학기술이 발전함에 따라 점차 일하는 시간이 줄어들 것으로 예상했지만, 웬일인지 대부분의 단순노동을 기계가 대신하는 오늘날에도 노동시간은 그리 줄지 않았다. 오히려 사람들은 더 바빠졌다. 공부도 마찬가지다. 학생들의 공부 부담을 덜어주기 위해 학원 교습 시간을 제한하거나 과목 수를 줄이는 등 여러 방법을 강구하지만, 어찌된 일인지 학생들은 예전보다 더 많이 공부하고 있다. 모두 시간이 없다고 한다. 그래서 짧은 시간에 여러 가지 많은 일을 할 수 있어야 능력 있는 사람으로 인정받기도 한다.

우리는 여러 가지 일을 한꺼번에 할 수 있다고 생각하지만 실제로 우리의 뇌는 멀티태스킹을 할 수 있도록 설계되지 않았다. 오히려 멀티태스킹은 우리의 기억력을 저해하는 원인이 된다.

"자신의 기억력을 불만스러워하는 20~40대는 보통 정보를 부호화하지 않는다. 너무 바쁘거나 스트레스가 심하거나 여러 가지 일을 한꺼번에 처리하기 때문이다. 그래서 정보를 부호화하지 않다가 나중에 물어보면 대답하지 못한다. 주의를 기울이지 않았기 때문이다. 방금 전 누군가를 만난 후 그 사람의 이름이 떠오르지 않는다면서 자신의 기억력에 문제가 있는 게 분명하다고 말하는 사람들이 있다. 그런데 사실은 이름을 말할 때 귀를 기울이지 않았기 때문이었다."

레스텍 박사의 지적대로 우리는 종종 두 가지 일을 한꺼번에 했다고 착각하는 경우가 있다. TV를 틀어놓고 책을 읽는 경우 그는 TV를 보면서 동시에 책도 읽었다고 생각한다. 둘 다 내용이 기억나기 때문이다. 하지만 사실은 TV 뉴스에서 중요한 소식이 나왔을 때는 책에서 주의를 돌려 뉴스를 보다가, 별 흥미 없는 소식으로 이어지면 다시 책으로 주의가 돌아갔을 뿐이다. 따라서 오로지 책만 읽었을 때와 비교하면 읽은 분량이 훨씬 적거나 내용을 건성으로 읽었거나 둘 중 하나다. 마찬가지로 TV 뉴스만 보았을 때와 비교하면 뉴스에 나온 소식 중 일부만 드문드문 기억하고 있거나 자세한 내용을 기억하지 못할 확률이 높다. 입력이 강하지 않았기 때문에 시간이 지나면 TV 뉴스도 책의 내용도 다 잊어버리게 된다.

한꺼번에 여러 가지 일을 하는 습관은 주의를 분산시켜 결과적으로 기억력을 떨어뜨린다. 바쁠수록 주의를 기울이고 집중해 한 가지씩 일을 처리하는 습관을 길러야 한다.

운동을 해라

운동을 하면 인체에 어떤 일이 일어날까? 얼굴이 붉어지고 숨이 가빠지고 땀이 난다. 숨이 가쁘다는 것은 호흡을 더 많이 한다는 뜻이다. 혈류도 빨라진다. 호흡을 많이 하면 몸에 들어오는 산소도 더 많아진다. 운동은 뇌에 공급되는 산소량을 30퍼센트 이상 늘려준다. 산소량이 많아지면 뇌는 더 활발히 움직인다.

운동을 하는 과정 자체가 굉장한 뇌의 활동을 요구한다. 운동을 할 때 손과 눈의 협력은 필수다. 날아오는 공을 보고 속도와 방향을 가늠해 손으로 받거나 발로 차야 한다. 근육의 움직임을 조절해서 공에 가하는 힘의 강도와 방향도 결정해야 한다. 이 모든 것을 순식간에 결정해야 한다. 이런 과정은 뇌 구조의 발달에 도움을 준다. 실제로 농구 선수들은 눈과 손의 협응력을 관장하는 뇌의 소엽 부분이 일반인보다 14퍼센트 정도 더 크다. 또 바이올린이나 피아노 같은 악기를 손으로 다루는 음악가도 일반인보다 소뇌가 더 발달해 있다.

미국 캘리포니아대 칼 코드만 교수팀이 쥐를 대상으로 실험을 실시한 결과, 매일 달리기 등의 유산소운동을 한 쥐는 다른 쥐보다 해마가 더 발달했음을 알 수 있었다. 이 실험과 유사한 과학자 프레드 게이지의 연구도 있다. 약 19개월 된 늙은 쥐가 운동을 시작하자 뇌에서 새 신경조직이 생성돼 노화로 인한 전형적 퇴화 현상이 완화됐다. 쥐가 한 달 동안 자발적으로 쳇바퀴에서 달리기를 하자 새 뉴런이 생성되었는데, 이것은 쥐가 움직이지 않을 때보다 무려 50퍼센트나 증가한 수치였다. 또한 게이지는 정기적으로 운동하는 젊은 쥐가 모든 그룹 중에서 뉴런 성장이 가장 왕성하다는 점도 밝혀냈다.

인체에서도 유사한 일이 일어난다. 일리노이대에서 실시한 조사에서 아서 크레이머 교수는 에어로빅을 한 노인 그룹은 계획을 수립하고 이행하는 능력 면에서 상당히 개선된 결과를 나타냈다고 밝혔다. 단순한 근력 운동이나 유연성 운동보다는 에어로빅이나 사교춤 같은 동작이 뇌 활동에 더 도움을 주기 때문이다. 춤추기 위해 필요한 것들, 이를테면 스텝을 기억하고 음악에 맞춰 정확한 타이밍에 움직이고 파트너와 호흡을 맞추는 것이 뇌를 더 많이 움직이게 하기 때문이다. 여러 연구를 통해 일주일에 두 번 정도 신체 활동을 하는 이들은 알츠하이머 발병 확률이 60퍼센트나 낮은 것으로 확인됐다.

손을 많이 쓰면 뇌가 발달한다는 것은 널리 알려진 사실이다. 아동학자들은 어린아이들이 섬세하게 손을 쓰는 놀이를 하도록 권하고 있다. 젓가락으로 콩을 집어 옮기기, 블록 놀이 등을 하면 뇌 발달에 도움이 된다.

그렇다면 손을 관장하는 뇌가 발달했기 때문에 손을 움직일 수 있는 걸까? 아니면 손을 움직이기 때문에 그 부분을 관장하는 뇌가 발달하는 걸까? 결론부터 말하면 후자다. 손이 있기 때문에 손을 관장하는 뇌가 발달한다. 바이올리니스트나 피아니스트는 다른 사람보다 손가락을 움직이는 뇌 영역이 발달해 있다. 평소 손가락을 많이 사용하는 악기를 연주했기 때문에 그 부분의 뇌가 발달한 것이다. 만약 질병이나 사고로 손가락이 절단된다면 그 부위에 대응하는 뇌 영역도 위축된다.

이처럼 몸을 움직이면 그 부위에 대응하는 뇌 영역도 함께 발달한다. 그렇다면 무조건 움직이기만 하면 될까? 그렇지는 않다. 블록 놀이나 악기 연주 등의 창의적인 활동은 뇌 발달을 돕지만 단순하고 반복적인 움직임, 무의식적인 움직임은 뇌 발달과 별로 관계가 없다.

우리는 흔히 뇌가 명령을 내리고 다른 신체 부위는 뇌의 명령에 따르기만 하는 것으로 알고 있다. 하지만 신체의 움직임도 뇌를 변화시킨다. 몸의 움직임 자체가 뇌를 활성화시키는 것이다.

유달리 움직이기 싫은 날이 있다. 운동은커녕 손가락 하나 까딱

하기 싫은 날도 억지로 일어나 운동을 시작하면 곧 나른함이 사라진다. 일을 하기 싫어도 일단 시작하면 어느새 의욕과 활력이 생긴다. 몸을 움직이면 뇌의 신경세포가 활성화되기 때문이다. 전문가들은 이것을 '작업 흥분'이라고 부른다.

이처럼 몸과 두뇌는 서로 상호작용하면서 움직인다. 몸은 뇌의 지시를 받기만 하는 종속된 존재가 아니며 뇌에 비해 덜 중요한 것도 아니다. 똑똑한 뇌, 활발한 뇌를 위해서는 몸을 열심히 움직일 필요가 있다. 특히 뇌 발달이 활발하게 일어나는 아동기와 청소년기에 규칙적인 운동을 하면 뇌 발달은 물론 인지능력 향상에도 도움이 된다.

일기를 써라

핀란드의 한 연구진은 수년간의 임상 실험을 통해 가장 좋은 기억력 증강법으로 일기 쓰기를 선정했다. 하루 동안에도 엄청난 정보가 뇌 속으로 밀려들며, 어느 정도 정리해주지 않으면 뒤죽박죽될 수 있다. 일기 쓰기를 통해 하루를 돌이켜보면서 정보의 우선순위를 결정할 수 있다. 일기를 쓰면서 여러 사건들을 곱씹다보면 정보의 우선순위가 자연스럽게 정리된다. 즉 기억해야 할 것들과 잊어도 될 것이 자연스럽게 나뉘면서 중요한 일은 기억되고 별 의미 없는 일은 잊히게 된다.

일기를 쓰면 자기도 모르는 사이에 매일 정보를 분류해 기억 창고에 집어넣는 기억력 강화 훈련을 하게 된다. 일기 쓰기는 글쓰기로, 글을 쓴다는 것은 사고를 정리하고 적당한 어휘를 찾아 표현하는 행위다. 생각하고 떠올리고 기억을 더듬고 자신의 뇌 창고를 뒤져 단어를 찾으면서 뇌를 최대한 자극한다. 글쓰기는 좌뇌와 우뇌가 모두 작동하는 뇌의 전체적 활동이다. 쓰는 일이야말로 뇌를 최대한 활용하는 활동인 셈이다.

2,400년 전 플라톤은 《파이드로스》에서 당시 유행하던 글쓰기에 대한 불신을 이렇게 토로했다.

"글쓰기는 망각을 초래하고 사람들은 기억이 아니라 외부의 표시에 의존하게 된다. 글 쓰는 이는 많이 아는 것처럼 생각하지만 사실 아무것도 알지 못한다."

플라톤은 '뇌'에 기억해야 할 것들을 '책'에 '외부 저장' 하는 관행을 통탄했던 것이다. 이는 오늘날 우리가 모든 것을 휴대전화에 저장해놓고 아무것도 외우지 않으려 하는 것을 경계하는 것과 일맥상통한다. 하지만 플라톤이 걱정한 일은 일어나지 않았다. 오히려 글쓰기는 말하기보다 더 활발한 뇌 활동을 필요로 하며, 기억력을 증강시키는 데도 도움을 준다.

적정 체중을 유지해라

비만은 뇌 건강에도 영향을 미친다. 복부에 체지방이 쌓이는 복부 비만은 심장병과 당뇨병, 고혈압을 일으킬 수 있는데, 특히 심혈관계 질환은 뇌로 가는 혈류를 막아 뇌에 치명상을 입힐 수 있다. 2008년 발표된 미국의 한 연구에서 비만인 사람은 보통 사람에 비해 30년 후에 치매에 걸릴 가능성이 3.6배나 높다는 결과가 나오기도 했다.

비만으로 인한 인슐린 저항은 인지능력의 저하를 초래한다. 과식, 특히 혈당을 빠르게 올리는 설탕을 많이 섭취하면 혈액 내에 포도당 수치가 빠르게 올라간다. 췌장은 인슐린을 분비해 포도당을 에너지로 전환시키는데, 혈액 내 포도당 수치가 높으면 췌장은 쉬지 않고 일을 하게 된다. 췌장이 피로해지면 인슐린 저항이 생겨 인슐린이 제 기능을 하지 못하게 되고, 포도당이 계속 혈류에 머물게 되면서 혈당 수치가 올라간다. 혈당 수치는 높지만 뇌는 제때 필요한 포도당을 공급받지 못하게 되므로 연료가 부족한 뇌는 스트레스에 시달리게 된다. 따라서 기억력에 필수적인 신경전달물질도 줄어든다. 그리고 쓰이지 못한 포도당은 복부에 지방으로 축적돼 복부 비만이 심해지는 악순환에 빠진다.

심혈관계 질환과 당뇨는 성인병이라고 불릴 만큼 중년 이후에 많이 나타나는 질병이었으나, 잘못된 식습관에 따른 비만으로 이제는 10~20대에게서도 어렵지 않게 찾아볼 수 있다. 2형 당뇨병인 사람의 뇌를 스캔해보니 정상인보다 해마가 현저하게 작았다는 연구 결과도 있다.

무엇을 먹느냐, 체중이 얼마나 나가느냐는 건강한 삶의 결정적 요소다. 우리 몸의 각 부위는 유기적으로 연결돼 있다. 몸이 건강해야 뇌도 건강하다. 뇌에 좋은 음식은 신체의 다른 부분에도 좋다. 그런데 뇌에 좋은 음식을 골라 먹는 것도 중요하지만 음식의 양도 중요하다. 뇌를 위해서는 지나치게 많이 먹지 말아야 한다. 균형 잡힌 식사를 하고 체중을 관리한다면 기억력 장애를 유발할 수 있는 많은 질병의 위험을 감소시킬 수 있다.

TV를 보는 것도 힘든 노동이다

TV를 오래 보면 볼수록 기억력이 떨어진다는 연구 결과가 발표됐다. 호주에서 실시한 한 조사에 따르면 TV를 하루에 한 시간 이하로 시청한 사람들이 오랜 시간 TV를 시청한 사람들보다 이름 · 얼굴 · 직업 떠올리기, 시장 보기, 목록 외우기 등의 모든 부문에서 뛰어난 기억력을 나타냈다.

그렇다면 TV는 왜 기억력을 저하시킬까? TV의 특징 중 하나는 수동성이다. TV는 정보를 일방적으로 전달하기 때문에 시청자는 수동적으로 그 정보를 받아들이기만 한다. TV 프로그램은 여러 가지 배경음과 효과음이 섞인 소리와 빠른 장면전환으로 사람들의 시선을 빼앗는다. 이와 같이 너무 많은 일방적 정보의 주입은 뇌의 신경세포를 지치게 한다. 또한 수동적으로 정보를 받아들이게 되면 다양한 생각을 하기가 힘들어진다. 분석이나 추론과 같은 고등 사고 과정을 게을리하다보면 뇌의 고등한 능력도 점차 떨어진다.

TV는 다양한 불특정 다수에게 정보와 오락을 제공하는 매체인 만큼 온갖 종류의 정보가 마구잡이로 제공된다. 나와 전혀 관계없거나 도움이 안 되는 정보도 일방적으로 제공된다. 그러므로 프로그램을 능동적으로 선택해 시청하는 것이 아니라 하루 종일 TV를 켜놓고 그저 바라보고만 있다면 뇌는 활력을 잃게 된다.

TV 시청이 기억력을 떨어뜨리는 또 다른 이유는 과도한 TV 시청 때문에 다른 것을 할 기회가 없어진다는 데 있다. TV 시청에 많은 시간을 빼앗기므로 다른 사회 활동을 할 시간이 없어진다. 사람을 만나 친밀한 대화를 나누거나 운동하거나 레저 활동을 하는 등의 적극적 활동은 뇌를 자극하고 경험을 쌓아 두뇌에 도움이 되지만 TV 시청은 그것을 가로막는다. 조사 결과 TV를 적게 시청하는 사람이 여가를 활동적으로 보내며 식생활에도 신경을 쓰는 등 두뇌 건강에 더 좋은 생활을 하고 있었다.

TV 시청을 휴식으로 여기는 사람이 많지만 그것은 뇌를 쉬게 하지 않는다. 너무 많은 자극과 정보가 쉴 새 없이 제공되기 때문이다. TV 시청은 휴식이 아니라 노동이며 그 시간 내내 뇌의 능력을 소비한다는 사실을 알아야 한다. 그러므로 스트레스 해소 및 취미와 관련된 것들만 골라 제한 시간 이내로 시청하는 것이 좋다. 정말로 뇌를 쉬게 하고 싶다면 TV 시청보다는 명상이나 산책을 하는 것이 좋다.

술에 취하면 뇌도 취한다

술을 마시면 흡수된 알코올이 혈액을 따라 간과 심장, 뇌 등 우리 몸 곳곳의 세포로 전달된다. 알코올은 간으로 운반돼 이산화탄소와 물로 분해되는데, 그 속도는 한 시간에 소주 한 잔 정도다. 그 이상으로 술을 마시면 알코올이 체내에 축적돼 혈중알코올농도가 점점 높아진다.

알코올은 소화기 계통에 강한 자극을 주어 염증을 일으키고, 세포의 복구 능력을 떨어뜨려 각종 문제를 일으킬 수 있다. 중요한 것은 알코올에 가장 취약한 곳이 바로 뇌라는 데 있다. 알코올이 중추신경을 마비시켜 뇌의 억제 조절 기능이 마비되기 때문에 평소에 지니고 있던 정신적 억압에서 어느 정도 벗어나는 것처럼 느껴진다. 판단하고 조절하는 고차원적인 뇌 기능이 억제되면서 감정이나 본능에 관계된 부분이 표면으로 드러나기 때문이다. 음주 후 기분이 좋아지는 이유는 만족감과 보상을 관장하는 뇌의 특정 부위에서 엔도르핀이 분비되기 때문이라는 연구 결과도 있다. 때문에 음주 후 평소에 하지 못했던 말을 하거나 노래를 부르거나 과감한 행동을 하게 된다.

하지만 이것도 비교적 적당한 음주를 했을 경우에 해당한다. 사람에 따라 적정 음주량에 차이가 있으며 유전적인 차이로 인해 알코올을 분해하는 능력과 속도가 사람마다 다르다. 평균적으로 따져서 남자는 소주 다섯 잔, 여자는 두 잔 반 이상을 마시면 과음한 것으로 본다.

술을 과도하게 마시면 흔히 '필름이 끊긴다'고 하는 현상이 일어난다. 이것은 알코올로 인한 일시적인 기억상실이다. 만취 상태에서도 의식은 살아 있어서 대화를 하고 평상시 행동을 할 수 있다. 오래된 기억을 끄집어낼 수 있기 때문에 예전 추억을 이야기하거나 해묵은 논쟁을 하는 것도 가능하지만, 현재 벌어지고 있는 일은 전혀 파악할 수 없게 된다. 다음 날이 되면 술을 마시며 무슨 말을 했는지, 어떤 일이 있었는지 전혀 기억하지 못하거나 드문드문 기억할 뿐이다. 언제, 어떻게 집으로 왔는지도 전혀 알 수 없다. 이것을 '블랙아웃'이라고 한다.

블랙아웃은 술로 인해 이미 뇌세포가 손상됐다는 것을 의미한다. 즉 측두엽의 해마에 정보를 입력하는 과정에서 문제가 생긴 것이다. 알코올이 신경세포 간의 신호 전달 체계에 혼란을 일으켜 정보 자체가 머릿속에 저장되지 않는다. 하지만 이미 저장돼 있는 정보를 꺼내 사용하는 데는 별 문제가 없다. 그래서 필름이 끊기고도 집으로 찾아올 수 있는 것이다.

블랙아웃은 뇌 기능에 이상이 생긴 것이지만 뇌 구조가 망가진 것은 아니다. 하지만 이런 일이 반복되면 뇌 구조 자체가 망가지는 일도 발생할 수 있다. 알코올중독자의 뇌를 정상인과 비교해보면 더 작고 가벼우며 쪼그라들어 있음을 알 수 있다. 여성일수록 그리고 음주와 흡연을 동시에 할수록 전두엽을 중심으로 심각한 뇌 손상이 일어난다.

쥐를 통한 실험 결과 8주간 알코올을 먹인 쥐에게서 인지장애가 나타났다. 문제는 그 이상 알코올을 투여하지 않아도 인지장애가 12주까지 지속된다는 것이다. 이는 한번 알코올에 중독되면 금주를 해도 한동안은 학습과 기억력에 장애를 겪게 됨을 보여준다.

알코올중독은 알코올성 치매를 일으킨다. 인지능력에 문제가 생기고 감정 조절의 어려움으로 폭력적인 성향을 띠며, 언어 및 신체 마비가 오기도 한다. 전체 치매 환자의 10퍼센트 정도가 이런 알코올성 치매에 해당한다.

우리나라는 음주에 대해 비교적 관대하다. 성인 남녀의 80퍼센트 정도가 술을 마시며, 술을 마시는 사람들의 연령도 점차 낮아지고 있다. 여성가족부에 따르면 처음 술을 접하는 나이가 13세 전후로 조사됐다. 알코올은 성인보다 청소년에게 미치는 영향이 클 수밖에 없다. 청소년기는 신체 내의 조직이 계속 성장하는 단계이기 때문이다. 또한 성인에 비해서 알코올중독에 걸리기 쉽다.

담배 연기는 대뇌피질을 얇게 한다

흡연이 건강에 해롭다는 것은 더 이상 말할 필요도 없다. 담배는 암의 직접적인 원인이 되며 담배를 직접 피우는 사람뿐 아니라 간접흡연자에게도 비슷한 정도의 해악을 끼친다.

담배에 함유되어 있는 성분 중 가장 대표적인 것이 바로 니코틴이다. 니코틴은 흡수되면 중추신경을 자극하는데, 폐에서 흡수된 니코틴은 혈류를 따라 중추신경계에 도달해 아세틸콜린 수용체의 일종인 니코틴 수용체에 작용한다. 이 수용체는 신경세포를 흥분시켜 일시적으로 집중력을 높여주고 머리가 산뜻해지는 듯한 느낌을 준다. 그래서 흡연자들은 아이디어가 잘 떠오르지 않을 때나 머리가 멍할 때 담배를 피우면 도움이 된다고 주장하기도 한다. 하지만 이런 비정상적인 뇌의 활성화는 5~10분 정도만 지속될 뿐이다. 때문에 뇌의 자극이 사라지면 다시 니코틴에 탐닉하게 되는 악순환이 일어난다.

그 밖에도 니코틴은 모세혈관을 수축시켜 혈압을 높이고 심장운동을 촉진시킨다. 맥박이 빨라지고 심장에서 나오는 혈액의 양이 증가하며 침 분비가 늘고 위장 운동이 증가한다. 하지만 니코틴의 양이 많아지면 역효과가 일어나 위의 운동성이 줄어들고 혈액의 흐름도 방해받는다. 니코틴은 그 자체로도 독성이 강한 물질로 중독 상태 시 심한 경우에는 신경이 마비돼 죽음에 이르기도 한다.

또한 담배가 탈 때 나오는 연기 속에는 일산화탄소가 들어 있는데, 일산화탄소는 산소 대신 적혈구에 있는 헤모글로빈과 결합해 산소가 몸속의 여러 기관으로 운반되는 것을 방해한다. 담배를 피우면 가벼운 연탄가스 중독을 일으키는 것과 같은 상태가 된다. 뇌는 산소가 조금만 부족해도 기능 이상이 나타나는데, 담배를 피우면 지속적인 산소 결핍 상태가 돼 뇌에 악영향을 미치게 된다.

흡연이 기억력을 떨어뜨린다는 사실을 뒷받침하는 연구가 속속 진행되고 있다. 흡연은 언어, 정보처리, 기억 등 고등 기능을 담당하는 대뇌피질을 얇게 만든다. 독일 의과대학 연구팀은 흡연자의 뇌를 MRI로 관찰한 결과, 흡연자는 대뇌피질 중 왼쪽 '안와전두엽내측피질'의 두께가 비흡연자에 비해 얇았다고 밝혔다. 안와전두엽내측피질은 충동 통제, 보상, 결정 등을 관장하는 것으로 알려져 있는데, 하루 흡연량이 많을수록 이 피질이 얇아지기 때문에 중독에서 더 헤어나기 어렵다.

흡연자와 비흡연자의 기억력 차이에 대한 연구도 발표돼 있다. 중년까지 흡연을 계속할 경우 비흡연자들에 비해 기억력 감퇴가 두드러지며, 흡연량이 많을수록 기억력 감퇴는 더 뚜렷이 나타났다.

하지만 중년 이후라 해도 일단 금연하면 기억력 감퇴 속도가 둔화된다고 한다.

스트레스는 기억력의 적이다

뇌는 즐거웠던 일과 유쾌한 일을 잘 기억할 수 있게 만들어졌다. 사람에게는 무의식적으로 싫어하는 일은 잊어버리고 즐거웠던 일은 기억하려는 힘이 있다. 공부할 때마다 즐겁고 마음이 설렌다면 기억력 때문에 고민할 일이 줄어든다. 기분 좋은 상태에서 공부하면 학습 능률이 향상되고, 반대로 불쾌하고 기분이 나쁘면 학습 능률이 저하된다.

자신감은 기억력을 높이는 에너지라고 할 수 있다. 자신감이 생기면 감각기관은 예민해지고, 동시에 의욕을 높이는 '베타 엔도르핀'과 '도파민'이라는 신경호르몬의 분비도 증가한다. 또한 기억력을 높이는 정보 전달 물질인 아세틸콜린도 자신감이 높아짐에 따라 증가한다.

그에 비해 정신적 충격이나 심한 스트레스는 일시적인 기억상실을 겪게 할 정도로 뇌에 나쁜 영향을 준다. 스트레스를 받으면 인체는 비상 상황이라는 것을 인식하고 스트레스 호르몬인 코르티솔Cortisol을 분비한다. 코르티솔은 위험에 처한 몸을 지키기 위해 영양분을 포도당으로 전환시켜 에너지로 만든다. 코르티솔이 스트레스로부터 우리 몸을 지키는 역할을 하고 있지만 스트레스가 계속되면 결국 우리 몸을 해치게 된다. 우리의 몸은 저항력을 갖추고 있지만 공격이 계속되면 그것도 무력해진다.

성인의 스트레스와 걱정, 불안, 우울도 기억력 감퇴의 원인이 되지만 뇌 기능에 결정적인 영향을 미치는 것은 유아기의 스트레스다. 인간의 뇌는 매우 복잡한 기관이다. 그중 대뇌피질 신경세포의 복잡성은 태어난 이후 발달되는데, 이것은 외부 환경에 크게 좌우된다. 유아가 받는 스트레스는 신경세포의 발달에 악영향을 주며 때로는 세포가 죽기도 한다.

유아의 스트레스는 배고픔, 추위 등 생존과 직접적인 관련이 있다. 어린 쥐를 대상으로 한 실험에서 제때 먹이를 주지 않자 어린 쥐는 스트레스 반응을 일으켰다. 어린 쥐는 근육과 뼈, 신경세포의 성숙에 필요한 에너지를 체온 유지 등에 먼저 쓴다. 신경과 체세포의 성장에 필요한 에너지가 당장의 생존을 위해 쓰이는 것이니 뇌의 신경세포 발달은 저하될 수밖에 없다.

현대사회에서 스트레스는 피할 수 없는 문제다. 주목할 것은 스트레스에 익숙해지는 것도 기억의 작용이라는 점이다. 심리학자 피터 헨케Peter Henke는 스트레스와 해마의 관계를 알아보는 실험을 실시했다. 해마를 제거한 쥐는 새로운 환경에 적응하지 못하고 심한 스트레스를 받았으나, 해마를 자극해 기억력을 높인 쥐는 스트레스를 덜 받았다. 새로운 환경에도 스트레스를 덜 느끼는 이유는 스트레스 환경에 익숙해진 기억 작용 때문이다. 본시험에 대비해 모의고사를 보는 것이 그 예다. 모의고사를 통해 스트레스에 익숙해지면 실제 시험에서 받게 되는 스트레스를 덜 느낄 수 있다.

스트레스를 과도하게 받으면 기억력에 문제가 생기고 역으로 기억력이 좋은 사람은 위기 상황에서도 스트레스를 덜 받는다. 강한 뇌가 스트레스를 극복하기 때문이다.

뇌에 좋은 음식을 먹어라

뇌는 하루에 약 400킬로칼로리 정도의 에너지를 쓰는데, 400킬로칼로리는 한 시간 반 이상을 빠른 속도로 걸어야 소모할 수 있는 양이다. 하루 종일 쉬지 않고 뛰고 있는 심장은 140킬로칼로리를 필요로 한다. 이것만 봐도 뇌가 얼마나 많은 산소와 영양분을 필요로 하는지 알 수 있다.

뇌가 산소와 양분을 공급받는 통로는 바로 혈액이며 심장은 하루 종일 뛰면서 뇌뿐 아니라 온몸으로 혈액을 보낸다. 때문에 심장에 좋은 습관은 뇌에도 좋다. 심장과 뇌를 보호하기 위해서는 포화지방과 콜레스테롤, 소금 섭취량을 줄이는 것이 좋다.

우리가 먹는 음식은 우리의 몸을 만들고 우리가 사용할 에너지를 공급한다. 또한 음식은 에너지를 공급하는 동시에 우리 몸과 우리의 뇌를 형성한다.

뇌는 60퍼센트가 지방으로 돼 있다. 그렇기 때문에 음식을 통해 반드시 지방을 섭취해야 하는데, 지방 중에서도 필수지방산이 꼭 필요하다. 필수지방산은 체내에서 자체적으로 합성되지 않기 때문에 음식을 통해 섭취해야 한다. 대표적인 필수지방산이 바로 '오메가 3'다.

오메가 3 지방산이 풍부한 음식을 섭취하면 치매의 위험이 줄어든다는 연구 결과는 많이 있다. 정어리, 고등어, 연어 등의 생선을 다량으로 섭취하는 사람들을 장기적으로 관찰한 결과 그들이 노년에 치매에 덜 걸린다는 사실이 밝혀졌다. 또한 연구자들은 쥐 실험을 통해 소금과 포화지방, 설탕이 많이 들어간 패스트푸드 식단을 섭취한 쥐들보다 오메가 3가 풍부한 건강식을 섭취한 쥐들의 기억력이 더 우수함을 입증했다.

탄수화물은 몸을 움직일 때 필요한 에너지를 공급해준다. 뇌는 기본적인 에너지원으로 포도당을 사용하는데, 포도당이 충분하지 않으면 에너지를 생산하는 미토콘드리아가 가동을 멈춘다. 섭취하는 탄수화물은 천천히 분해되는 복합탄수화물이 좋다. 현미나 여타의 곡물 등 복합탄수화물은 느리지만 지속적으로 에너지와 영양소를 공급한다.

단백질 또한 중요하다. 뇌의 기능을 지원하는 신경전달물질은 아미노산으로 돼 있으며, 뇌 기능에 도움을 주는 트립토판, 페닐알라닌, 티로신 등은 유제품과 콩 등에 포함돼 있다. 이처럼 단백질은 뇌가 정상적으로 기능하는 데 꼭 필요한 필수영양소다.

결과적으로 뇌가 제대로 작동하려면 영양소 중 어느 것도 부족해서는 안 된다. 편식하지 않고 골고루 잘 먹는 것이 뇌를 위하는 길이다. 균형 잡힌 식사를 하면 자연스럽게 항산화제를 더 많이 섭취하게 된다. 스트레스를 받거나 몸이 피곤하면 몸속에서 활성산소가 많이 발생하는데, 이 활성산소는 뇌의 기능을 떨어뜨린다. 과일과 채소에 많이 들어 있는 항산화제가 바로 이 활성산소를 제거해주는 역할을 한다.

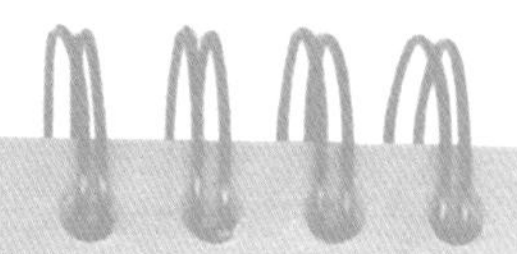

기억력에 좋은 카레

기억력 증진과 치매 예방에 카레가 좋다는 연구가 꾸준히 발표되고 있다. 일본 약학대의 연구에 따르면 카레를 먹으면 뇌 기능에 영향을 미치는 혈류량이 약 4퍼센트 증가하고 해마의 활동량도 증가한다고 한다.

카레를 많이 먹는 인도인의 치매 발생률은 미국인에 비해 약 4분의 1로, 이는 세계에서 가장 낮은 수치다. 미국 신경학회는 이것이 카레의 '커큐민Curcumin'이라는 성분 덕분이라고 밝혔다. 커큐민이 치매의 원인 중 하나인 뇌에 축적되는 '독성 단백질'을 분해한다는 것이다. 카레의 커큐민 성분은 기억력 증가나 치매 예방에 효과가 있을 뿐 아니라 항산화작용도 하는데, 항산화 물질은 피로 회복 과 노화 방지에 도움을 주며 암을 예방한다.

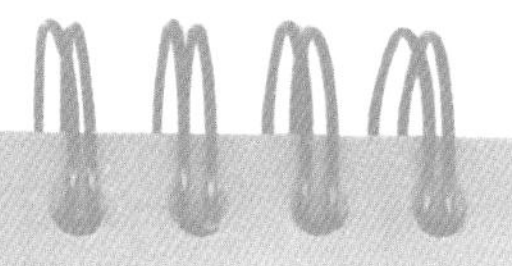

DHA에 대하여

요즘 대부분의 건강식품들이 DHA가 포함돼 있다는 것을 내세운다. 고등어, 참치 등의 '등푸른 생선'과 견과류에 많이 들어 있다는 DHA는 머리를 좋게 해주는 영양소로 알려져 있다. 특히 어린아이나 수험생을 겨냥한 식품에 DHA 성분이 많이 포함돼 있다.

DHA는 오메가 3가 분해되면서 생성된다. 필수지방산에는 오메가 3와 오메가 6가 있는데, 오메가 6는 대부분의 지방에 다 들어 있기 때문에 섭취에 신경을 쓰지 않아도 되지만 오메가 3는 신경 써서 섭취하는 것이 좋다. 오메가 3는 DHA와 EPA로 분해되는데, DHA는 뉴런의 가지를 둘러싸는 신경세포막을 만든다. 세포막이 유연해지면 신호 전달이 원활해져 결과적으로 뇌 발달과 학습에 도움을 준다. 물론 노년기의 인지능력 감퇴를 예방하는 데도 중요한 역할을 한다.

DHA는 뇌 조직의 지방세포에 약 10퍼센트 정도 포함돼 있고 단백질 대사와 합성에 관계하는 소포체의 막에 많이 포함돼 있다. 치매 환자의 경우 정상인보다 뇌 속의 DHA 양이 현저히 적다고 한다. 또 DHA가 부족하면 태아의 두뇌 발육이 늦어지며, 실제로 미숙아의 뇌에는 DHA의 양이 적다고 한다.

또한 EPA는 기분을 조절하는 중요 영양소로서 우울증의 치료 및 염증 완화에도 도움을 준다.

충분한 수면이 기억력을 높인다

현대인은 무한 경쟁이 일어나는 숨 가쁜 사회에서 잠을 줄여가며 일하고 공부하는 것이 성공의 지름길이라고 여긴다. 특히 한창 공부하는 학생들은 공부 시간을 더 늘리기 위해 잠을 줄이고 있다. 하지만 효율적인 학습을 위해서는 충분한 수면이 필수라는 사실이 각종 연구를 통해 밝혀지고 있다.

충분한 수면을 취하지 못한 뇌는 각종 난관에 부딪힌다. 주의력과 정보처리 속도가 떨어지고 정확도도 낮아지며 반응 시간도 느려진다. 즉 잠이 부족하면 인지능력과 관련된 모든 영역이 제대로 작동하지 못한다. 우리의 몸이 수면 부족을 비상사태로 규정하기 때문에 생존에 중요한 심장과 근육으로 포도당이 몰리는 반면 뇌는 무시된다. 뇌도 포도당을 에너지로 쓰기 때문에 이것이 부족하게 되면 비실거릴 수밖에 없다.

사람은 하루 종일 뭔가를 보고 듣고 경험하고 학습한다. 참으로 많은 정보들이 머릿속으로 들어온다. 다양한 경험과 학습 내용이 머릿속으로 들어오면 뇌는 그것을 일목요연하게 정리한 다음 무엇이 중요한지 판단한다. 그러고는 경험을 걸러내고 장기 기억 속에 저장돼 있던 것과 통합한다. 이러한 과정은 잠을 잘 때 진행된다. 잠을 잘 때는 외부 세계의 자극이 없기 때문에 뇌가 한가하다. 이 한가한 시간에 낮 동안 수집된 여러 정보들을 분류하고 취할 것과 버릴 것을 선별하는 작업이 진행된다. 잠자는 시간은 새로운 기억을 통합하기 위한 최적의 시간이다.

잠자는 동안 뇌는 낮에 들어온 정보를 이리저리 조합한다. 뒤죽박죽인 정보에서 의미를 끌어내고 맥락을 정리하며, 이미 들어 있던 데이터베이스와 연결하는 작업도 병행한다. 이렇게 정보가 조합되면 해마는 그것을 대뇌피질로 보낸다. 어떤 정보를 어떤 형식으로 기억할지 알려준다. 또한 뇌는 조합만 하는 게 아니라 청소도 한다. 잠자는 동안 필요 없는 기억을 지움으로써 다음 날 새로운 정보가 원활히 들어올 수 있게 준비한다.

미국 워싱턴대 신경생물학과의 폴 쇼 · 제프리 돈리 박사팀은 초파리를 통해 잠이 기억력에 어떤 영향을 미치는지에 대한 실험을 실시했다. 연구진은 뇌의 신경세포 사이를 연결해 정보를 주고받는 부위인 시냅스가 잠자는 동안 어떻게 달라지는지 확인했다. 그 결과 잠자는 동안 뇌가 중요하지 않은 기억을 담고 있는 시냅스를 삭제하고 새 정보를 받아들일 수 있는 시냅스를 새로 만들어냄으로써 뇌 기능을 향상시키는 것이 밝혀졌다.

시냅스 연결은 기억력에 중요한 역할을 한다. 하지만 뇌가 무한대로 새 시냅스를 만들 수는 없다. 옷장을 예로 들어보자. 만약 새 옷 을 무작정 사기만 한다면 옷장이 넘쳐나게 된다. 이럴 때는 입지 않는 오래된 옷을 과감히 버려야 옷장을 정리할 수 있다. 이와 마찬가지로 뇌도 중요하지 않은 정보를 담고 있는 시냅스를 지워버려야 새 정보를 담을 수 있다. 바로 그 작업이 잠잘 때 이루어진다.

사람을 대상으로 한 기억과 수면에 관한 연구로 심리학자 젠킨스와 달렌바흐의 실험이 유명하다. 그들은 피험자들에게 알파벳이 무작위로 섞인 10개의 의미 없는 단어를 외우게 했다. 그런 다음 그들을 재우고 한 시간 뒤 깨워서 단어를 얼마나 기억하고 있는지 테스트했다. 다음에는 피험자들을 두 시간 재운 뒤 깨워서 테스트했다. 이런 식으로 네 시간, 여덟 시간 수면 뒤 테스트를 실시했다. 그들은 똑같은 실험을 낮에도 실시했다. 잠을 자지 않고 활동을 하게 한 다음 한 시간, 두 시간, 네 시간, 여덟 시간 뒤에 단어 암기 테스트를 실시한 것이다. 잠을 잤을 때와 자지 않았을 때, 한 시간 잤을 때와 여덟 시간 잤을 때의 기억력 테스트 결과는 모두 달랐다. 두 시간 잤을 때는 자지 않았을 때보다 기억을 유지할 확률이 두 배나 높았다. 그리고 여덟 시간 잤을 때는 그러지 않았을 때보다 다섯 배 이상이나 더 많이 기억한다는 결과가 나왔다. 암기를 하고 바로 잘수록, 충분히 잘수록 암기 내용을 기억할 확률이 높았다.

하버드 의대 제프리 엘렌보겐 박사의 실험도 같은 결과를 보여준다. 똑같은 단어를 배워도 잠을 잔 그룹이 잠을 자지 않은 그룹보다 58퍼센트 정도 더 높은 점수를 기록했으며 단어 응용력도 더 높았다.

수면은 기억력을 향상시키는 역할을 한다. 밤샘 공부를 한 사람보다는 공부를 하고 잠을 잔 사람이 다음 날 더 많은 것을 기억할 수 있다.

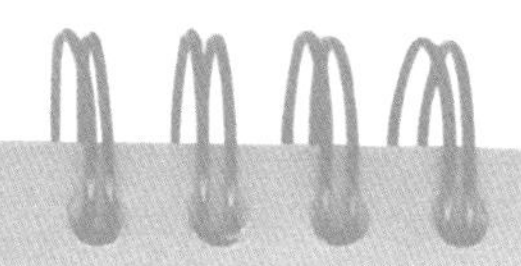

낮잠을 자야 할까?

낮에 졸리다는 것은 밤에 충분히 자지 못했다는 뜻이다. 일반적으로 중년 이후에는 잠을 방해하는 스트레스 호르몬에 민감해지기 때문에 수면 시간도 짧아지고 깊은 잠을 이루지도 못한다. 신진대사의 균형이 깨지면서 스트레스 호르몬인 코르티솔이 많아져 깊은 잠을 자기가 어렵다. 이런 이유로 발생한 낮 동안의 졸음은 집중력을 방해하고 작업의 질을 떨어뜨린다.

이럴 때는 잠깐 낮잠을 자는 것이 원기 회복과 두뇌 능력 향상에 도움을 준다. 솔크생물학연구소의 연구에 따르면 낮잠을 잔 사람들은 그렇지 않은 사람들보다 컴퓨터게임을 50퍼센트나 빨리 익혔다. 이런 이유에서 일본 후생성은 건강과 작업 생산성을 위해 오후 세시 전에 20~30분 동안 낮잠을 잘 것을 권한다. 독일인들의 경우도 5명 중 1명은 낮잠을 잔다고 한다.

30분 이하의 낮잠은 두뇌 능력을 향상시켜주는 보약이라 할 수 있다. 하지만 그 이상의 낮잠은 밤잠을 방해하여 그다음 날 낮에 또 졸음에 시달리게 되는 악순환을 야기한다. 따라서 점심시간이나 쉬는 시간을 이용해 잠깐씩 눈을 붙이는 것이 뇌 활력에 도움이 된다는 것을 명심하자.

기억에 관한 최신 연구

기억에 관한 가장 최신 연구는 미국 스탠퍼드대 칼 다이서로스Karl Deisseroth 교수의 광유전학Optogenetics이다. 광유전학이란 말 그대로 유전자를 조작해 빛에 반응하게 하는 첨단 기술이다. 빛으로 신경세포를 자극해 활성화시키거나 활성을 억제해서 기억과 행동을 조절한다는 개념이다. 과거 뇌를 자극하는 방법으로 전기를 이용했는데, 이런 전기 자극은 불특정 다수의 신경세포를 자극할 수밖에 없다. 하지만 빛을 이용하면 목표하는 신경세포를 정확히 자극할 수 있기 때문에 훨씬 정교하게 신경세포를 조절할 수 있다.

과학자들은 빛에 반응하는 '채널로돕신Channelrhodospins'이라는 단백질을 녹조류에서 찾아냈다. 채널로돕신은 빛을 쬐면 채널이 열리면서 무언가를 받아들일 수 있는 상태가 된다. 그 후 채널로돕신 단백질을 유전자의 형태로 신경세포에 주입하는데, 이때 이용되는 것이 바이러스다.

바이러스는 자신의 유전자를 세포 내에 침투시키는 성질을 가지고 있다. 흔히 바이러스에 감염되었다고 말하는 것이 바로 바이러스 유전자가 다른 세포 속으로 들어갔다는 뜻이다. 이런 성질을 지닌 바이러스 유전자를 채널로돕신 유전자와 결합시킨다. 이 유전자 복합체를 신경세포에 주입하면 바이러스에 감염되듯이 채널로돕신 단백질 유전자가 신경세포 속으로 들어간다. 빛에 반응하는 채널로돕신 유전자가 바이러스의 도움으로 신경세포 속으로 들어감으로써 빛에 반응하는 신경세포가 만들어진다.

신경세포에 광섬유를 박고 빛을 쬐면 어떻게 될까? 채널로돕신 단백질 유전자가 이식돼 빛에 반응하게 된 신경세포는 채널이 활짝 열린다. 신경세포의 채널이 열리면 세포 안으로 칼륨 이온과 같은 양이온들이 쏟아져 들어온다. 세포 안으로 양이온들이 들어오면 세포 안과 밖의 전위차가 발생해 신경세포는 흥분하게 된다. 이 신경세포의 흥분이 바로 신경세포의 활성이다. 신경세포는 흥분하면 서로 신호를 전달하는데, 이런 과정을 통해 뇌는 사물을 인지하고 감각을 느낀다.

빛으로 신경세포의 활성을 조절할 수 있게 되면 많은 일이 일어난다. 신경세포는 기본적으로 세포막에 일정 수준의 전압을 띠고 있고, 이 전압을 다양하게 조절해 뇌 속에서 복잡한 정보를 처리한다. 그런데 빛으로 이 전압을 조절하게 되면 결과적으로 신경세포를 조절할 수 있게 되므로 기억의 조작이나 행동의 통제까지 가능하다고 한다.

다이서로스 교수는 생쥐를 대상으로 실험을 실시했다. 광유전학을 이용해 쥐의 편도체 신경세포가 빛에 반응하게 만들고 빛을 쬐어준 것이다. 그는 쥐에게 공포 기억을 만들어준 다음 빛을 이용해 해마의 특정 신경세포를 비활성화시켰다. 그러자 쥐는 공포 기억을 잊은 것처럼 행동했고, 그 행동 특성은 5주 후까지 지속됐다. 이는 빛을 통해 기억을 없애거나 과거에 사라졌던 기억을 회생시킬 수도 있다는 것을 의미한다.

쥐의 광유전학 실험을 통해 빛을 쬐는 것으로 쥐의 불안을 조절할 수 있다는 것이 증명됐다. 이를 인간에게 적용한다면 불안장애와 같은 정신질환의 치료에 새로운 전기를 마련할 수 있을 것이다.

| 참고 도서 |

개리 스몰 지음, 이동우 옮김, 《기적의 14일》, 시그마북스, 2008

개리 스몰 · 지지 보건 지음, 조창연 옮김, 《아이브레인》, 지와사랑, 2010

고다마 미츠오 지음, 정세환 옮김, 《공부 잘하는 기억력의 비밀》, 아르고나인, 2010

고도 치하루 지음, 오희옥 옮김, 《기억력 10배 올리는 방법 47》, 북폴리오, 2005

김정훈 지음, 《과학 도시락》, 은행나무, 2009

대니얼 샥터 지음, 박미자 옮김, 《기억의 일곱 가지 죄악》, 한승, 2006

도미니크 오브라이언 지음, 박혜선 옮김, 《기억의 법칙 25가지》, 들녘미디어, 2003

디팩 초프라 지음, 이형균 옮김, 《사람은 왜 늙는가》, 휴, 2010

라이프 엑스퍼트 지음, 박광종 옮김, 《기억의 기술》, 기원전, 2008

라이프 엑스퍼트 지음, 박선영 옮김, 《최강 기억법》, 폴라북스, 2009

리처드 레스탁 지음, 김현택 옮김, 《나의 뇌 뇌의 나 1》, 학지사, 2004

리처드 레스탁 지음, *Think Smart*, New York: Penguin Group, 2010

마리 배니치 지음, 김명선 외 옮김, 《인지 신경과학과 신경심리학》, 시그마프레스, 2008

마이클 캐플런 · 엘런 캐플런 지음, 이지선 옮김, 《뇌의 거짓말》, 이상미디어, 2010

샌드라 아모트 · 샘 왕 지음, 박혜원 옮김, 《똑똑한 뇌 사용 설명서》, 살림Biz, 2009

성영신 · 강은주 · 김성일 지음, 《뇌를 움직이는 마음, 마음을 움직이는 뇌》, 해나무, 2004

스티브 핑커 지음, 김한영 역, 《마음은 어떻게 작동하는가》, 소소, 2007

앤드류 스미스 루이스 지음, 김성기 옮김, 《메커니즘을 알면 간단한 기억의 원칙》, 황금가지, 2008

앨런 배들리 지음, 진우기 옮김, 《당신의 기억》, 위즈덤하우스, 2009

에란 카츠 지음, 박미영 옮김, 《천재가 된 제롬》, 황금가지, 2007

에란 카츠 지음, 박미영 옮김, 《슈퍼 기억력의 비밀》, 황금가지, 2008

에릭 캔델 지음, 전대호 옮김, 《기억을 찾아서》, 랜덤하우스코리아, 2006

엘리자베스 로프터스 · 캐서린 케첨 지음, 정준형 옮김, 《우리 기억은 진짜 기억일까?》, 도솔, 2008

이케가야 유지 지음, 이규원 옮김, 《뇌과학》, 은행나무, 2005

이케가야 유지 지음, 김성기 옮김, 《착각하는 뇌》, 리더스북, 2008

이케가야 유지 · 이토이 기게사토 지음, 고선윤 옮김, 《해마》, 은행나무, 2006

조슈아 포어 지음, 류현 옮김, 《아인슈타인과 문워킹을》, 이순, 2011

존 메디나 지음, 서영조 옮김, 《브레인 룰스》, 프런티어, 2008

하비 뉴퀴스트 지음, 김유미 옮김, 《위대한 뇌》, 해나무, 2007

에필로그

결론은 독서다

사람의 기억은 기본적으로 어떤 지식을 가지고 있느냐에 따라 강화될 수도 있고 다르게 구성될 수도 있다. 이것을 '사전지식 효과'라고 한다. 머릿속에 무엇이 들어 있느냐에 따라 사물이 다르게 보이고 강렬하게 기억되기도 하며 그냥 스쳐 지나가기도 한다.

경제 전문가는 경제 용어를 일반인보다 훨씬 잘 기억한다. 처음 보는 공식이라도 수학과 학생은 다른 과 학생보다 수학 공식을 빨리 외운다. 경제 전문가의 머릿속에는 경제 용어가, 수학과 학생의 머릿속에는 수학 공식이 잘 정리돼 있기 때문이다.

그들의 머릿속에 이미 들어 있는 것들과 연결되기 때문에 그들은 새로운 용어나 공식도 쉽게 기억한다. 그것은 마치 거미줄을 치는 것과 같다. 거미가 아무것도 없는 곳에 거미줄을 치려면 쉽지 않을 뿐더러 시간도 오래 걸린다. 하지만 이미 거미줄이 쳐져 있는 곳에 거미줄을 더 촘촘하게 추가하기는 쉽다. 줄을 걸고 연결할 곳이 많기 때문이다.

자신만의 기억법을 갖춘 기억고수와 같은 능력을 갖고 싶다면 이것을 기억해야 한다.

첫째, 자신만의 기억법을 찾아야 한다.

둘째, 감정과 행동을 자극해 잠자고 있는 뇌를 깨워야 한다.

셋째, 시간차를 두고 반복해야 한다.

그러면 당신도 기억고수가 될 수 있다. 세계적인 기억고수들은 이 세 가지 습관과 더불어 일상생활에서 쉽게 실천할 수 있는 한 가지 방법을 더 추천한다. 그것은 바로 독서다.

인간은 대상을 그대로 기억하는 것이 아니라 자신만의 의미를 만들어 대략적으로 기억한다. 대상을 있는 그대로 사진을 찍듯 기억하는 것이 아니라 자기 손으로 직접 스케치하듯 기억하는 것이다.

인간은 모든 면에서 한계가 있다. 기억도 마찬가지다. 저장 용량과 처리 용량에 한계가 있다. 그 한계에도 당연히 개인차가 존재하는데 바로 지식이 그 개인차를 결정한다. 머릿속에 이미 들어 있는 지식의 총량이 기억력을 좌우하는 결정적 요인이다. 기억을 잘하는 방법은 다양한 정보들과의 연결 고리를 탄탄하게 맺는 것이다. 머릿속에 선행 지식이 많으면 정보의 연결과 연합, 역동적인 구성이 가능하다.

지식은 두뇌가 처리해야 할 용량 부담을 줄여주며 의미 있고 좋은 기억 스케치를 만들어내게 한다. 주어진 자극에 대한 적절한 지식이 없으면 많은 개별 내용을 따로따로 일일이 기억해야 하기 때문에 정보처리 부담이 늘어난다.

지식을 쌓는 가장 좋은 방법은 말할 것도 없이 독서다. 책을 많이 읽어 지식이 머릿속에 차곡차곡 쌓이면 그것이 새로 들어오는 기억을 사라지지 않게 붙잡아주는 갈고리 역할을 한다. 가천의대 뇌과학연구소의 김영보 박사도 기억력을 높이려면 우선 책을 많이 읽으라고 조언한다.

"기억력 증진법의 기본은 독서예요. 잘 기억하기 위해 연상을 하려 해도 자기 안에 무엇이 있어야 연상이 되거든요. 자기 안에 들어 있는 게 없으면 연상하는 것 자체가 힘들죠. 독서는 많이 하면 할수록 점점 더 재미있고 얻는 것도 많아집니다. 독서를 할수록 지식이 쌓이고 그것이 쌓이면 새로운 지식을 습득하기가 훨씬 쉬워집니다. 이미 아는 것과 연관된 것은 훨씬 더 재미있고 쏙쏙 잘 들어오니까요."

이스라엘의 노벨상 수상자 로버트 아우만 교수 역시 지식의 연결을 위한 독서의 중요성을 강조한다.

"잘 기억하기 위해서는 이미 아는 것과 새로 알게 되는 지식의 연결이 중요하다고 생각합니다. 책도 읽고 공부도 해서 다양한 분야에 대한 지식을 갖추고 있어야 새로 정보를 받아들일 때 적절히 연결할 수 있습니다. 그렇게 하면 배우고 관찰하는 동안 지식이 뇌에 자동적으로 저장되면서 머릿속에서 저절로 연결을 짓게 되고, 이는 기억력 강화로 이어집니다."

독서는 상상력의 측면에서 볼 때도 중요하다. 기억한다는 것, 특히 잘 기억한다는 것은 풍부한 상상력을 기본으로 한 연상작용의 조합이다. 앞서 말했듯이 기억을 잘하려면 연상하고 이야기를 만들고 변형하고 조합하고 가공을 잘할 필요가 있다. 그것을 잘하기 위한 바탕에 상상력이 있다. 상상력이 있어야 이야기도 잘 만들 수 있는데, 이 상상력을 키우는 것이 바로 다양한 독서다. 《기네스북》에 올라 있는 기억 천재 에란 카츠도 독서를 통한 상상력이 기억의 기본이라고 주장한다.

"저는 상상력이 기본이라고 생각해요. 당신이 어떤 것을 기억하려고 한다면 무엇이 중요한지 핵심어를 정하고 그 핵심어와 연관된 것들을 찾아서 이야기를 만들어야 합니다. 연상을 이용해 핵심어를 기억하는 데는 많은 상상력이 필요합니다."

지식의 많은 부분은 상상력의 바탕 위에서 세워졌다. 아인슈타인도 상상력이 논리보다 강하다고 했다. 지금 논리적이지 않은 것도 상상력의 도움을 통해 논리적으로 바뀔 수 있기 때문이다. 과거의 사람들에게 달에 직접 간다는 발상은 아주 이상한 것이었다. 하지만 그 후 인간은 로켓을 개발했고 마침내 달에 도달했다. 달에 간다는 상상은 그것에 도달하기 위한 수천 가지의 기술과 지식으로 마침내 실현됐다. 다양한 분야의 독서가 이를 가능하게 했다.

기억력은 경험과 관심 속에서 향상된다.

경험하라, 그리고 축적하라. 그리고 가장 먼저 많이 읽어라.

KBS 〈과학카페〉가 전하는 '기억고수들의 3가지 습관'

기억력도 스펙이다

초판 1쇄 발행 2013년 4월 5일
초판 6쇄 발행 2016년 12월 30일

지은이 KBS 〈과학카페〉 기억력 제작팀
펴낸이 이범상
펴낸곳 (주)비전비엔피 · 비전코리아

기획 편집 이경원 박월 김승희 강찬양 배윤주
외주기획 페이퍼100
디자인 김혜림 이미숙 김희연
마케팅 한상철 이재필 이준건
전자책 김성화 김희정
관리 이성호 이다정

주소 우)04034 서울특별시 마포구 잔다리로7길 12(서교동)
전화 02)338-2411 | **팩스** 02)338-2413
홈페이지 www.visionbp.co.kr
이메일 visioncorea@naver.com
원고투고 editor@visionbp.co.kr

등록번호 제313-2005-224호

ISBN 978-89-6322-053-6 03320

· 값은 뒤표지에 있습니다.
· 잘못된 책은 구입하신 서점에서 바꿔드립니다.

「이 도서의 국립중앙도서관 출판시도서목록(CIP)은 서지정보유통지원시스템 홈페이지(http://seoji.nl.go.kr)와 국가자료공동목록시스템(http://www.nl.go.kr/kolisnet)에서 이용하실 수 있습니다.(CIP제어번호: CIP2013001408)」